位牌の成立

儒教儀礼から仏教民俗へ

菊地章太

東洋大学出版会

目次

第一章　東アジアの死生観

一　位牌の起源を求めて

東アジアにおける冠婚葬祭の基本は古代の儒教によって構築された。これは士大夫以上を対象とするものであったが、今日なおも行なわれているもろもろの儀式の根幹はこのときさだめられた。のちに朱子学を大成した朱熹が新しい儒教のありようを提示し、士大夫のみならず庶人にも儒教儀礼を実践する道を開いた。その著書『家礼』にまとめられた規範にもとづいて、今日につづく冠婚葬祭の作法が実現することとなった。十一世紀後半のことである。

同じころ禅宗においてめざましい動きがはじまった。僧院生活の規律である清規に儒教の作法が取り入れられ、新たな規範が構築される。葬送儀礼にかぎって言えば、もとは僧侶のための作法であったが、それが俗人にも適用されるようになった。これがわが国にもたらされたのである。

江戸時代は幕藩体制のなかで寺請制度が全国にはりめぐらされた。寺院と檀家を密着させる制度であり、これによって葬儀は仏式で行なうことが義務づけられたにひとしくなる。その際に禅宗によって構築された規範が取り入れられ、葬儀の作法書が完成した。現在の仏式葬儀の直接の源流はここにある。

儒教といえば倫理道徳や社会秩序の根本と見なすのが通念であって、今さらこれを宗教とは考えにくい。儒教は宗教にあらずと主張する人も少なくない。しかし本家の中国では儒教こそが宗教そのものの実体であった。(1) 儒教は霊魂の存在を肯定する。先祖の霊魂は子孫とともにこの世にありつづけると考えられ、時をさだめて祀られてきた。

彼岸もお盆も仏教の行事のようになっているが、インドで生まれた仏教の根本理念からすればありえない習俗であろう。まったき消滅にいたらないうちは亡き父母の霊魂はいずこかに転生している。それは人間界であるとはかぎらない。しかも前世の記憶は保存されないのが原則である。したがって春分秋分やお盆の日に子孫のもとへもどってくるいわれがない。

輪廻転生の体系《システム》のなかでは遺骨も意味がない。実際にインドでは火葬にしたあとの骨は川に流すか骨捨て場に遺棄する。墓は立てない。位牌も作らない。これらは仏教に関係ありそうだが、少なくとも本来の仏教とは縁もゆかりもない。いずれも儒教の祖霊観の影響を濃厚に受けて変容した仏教風の習俗と言ってよい。

今日、私たちは葬式を仏教儀礼として理解している。しかしその根幹にあるのは儒教儀礼にほかならない。そこにさまざまな民間信仰が混入していることも事実だが、とはいえ民間信仰だけですべてを説明することもまた不可能であろう。

葬式でも彼岸でもお盆でも肉親の霊すなわち先祖の御霊《みたま》を祀ることが中心になっている。そこでは墓と位牌は欠くことができない。そして私たちが人の死についてどのように考えているかということが、墓や位牌のありように反映されている。つまり死生観と呼ぶべきものが墓や位牌という目に見える実体の背後にある。現代の日本の墓や位牌について考えることは、私たち日本人の死生観を考えることにつながっていく。

墓や位牌をめぐる現代の状況はきわめて多様なものとなっている。そうした複雑なありように向きあうには、その成り立ちをさかのぼってたどることもひとつの有効な方法ではないか。位牌について言えば、それを用いてきた過去の日本の葬儀に立ち返る必要がある。さらにその出発点となった中国の伝統にまで立ち返らねばならない。そのうえで、その根底にある民族の死生観にまで立ち返ってみたい。

そこに立ち返るとき、現代の葬儀における多くのものがすでにあったのを見いだすことができるであろう。今とは名称も形態も異なるが、それでもその原型となったものがあるにちがいない。ここでは位牌に焦点をしぼってその成立と変遷の過程をたどっていく。それを踏まえたうえで、現代の、あるいはこれからのありようを考えていく手がかりを模索したいと思う。

二 死して鬼となるか

人は死ぬと鬼《き》になる。善人も悪人も関係ない。誰もみな死後は鬼となる。中国ではそのように考えた。

これは私たちの常識とは異なっている。日本人は乱暴で無慈悲な存在を鬼《おに》と呼ぶ。同じ漢字ではあるが、中国人にとっての鬼はこれとはまったく意味がちがう。かしこでは鬼とは死者のことである。亡くなればひとしく死者なのだから、善人であれ悪人であれ死ねばかならず鬼になるわけだ。

「鬼」という字の古い形は死者の頭をかたどったものと考えられている。魌頭と呼ぶ。白川静によれば、もとは風化した屍を示す語であった(2)。文字の下半分はそれを支える人の姿である。かつては頭蓋骨を祀ったのか。蜂屋邦夫の指摘するとおり、魌頭をかぶって死者になりかわった人が、その魂を祀る場所に坐った。祀られる死者はすなわち先祖にほかならない(3)。鬼は子孫によって祀られ、やがて神となる。そこで死者を総称して鬼神と呼ぶのである。

鬼神の「神」は人知を超えた存在を表す語である。神の声符「申」は電光が斜めに屈折して走る形とされ、神威の現れを意味する。神はすなわち自然神であって、本来は祖霊は含まない。人の霊はもっぱら鬼であったが、のちに鬼神の語で祖霊をも含むようになる。やがて中国人が陰と陽のふたつの気の消長によって現象の生成を捉えるようになると、人の生死も陰陽二気の集散によるものと理解するにいたった。

人は精神と肉体からできており、精神をつかさどるものを魂といい、肉体をつかさどるものを魄という。「魂」の字のうち「云」は雲の形である。魂は雲気となって浮遊すると考えられた。「魄」の字のうち「白」は白骨と化した頭蓋骨をかたどっている。これをかぶった人の姿が、前述のとおり「鬼」の古い字形である。この魂と魄とがひとつに結びついているとき人は生をいとなんでいる。やがて生を終えると魂魄は分離し、魂は天へ魄は地へ帰っていく。

中国は春秋時代のことである。呉の国の王族で季札という人がいた。孔子と同年代である。季札は斉の国に旅した。同行した息子が旅先で亡くなったので、そこに墓を築いた。孔子が弔問に訪れている。季札は息子を葬ってのち、肌ぬいで号泣して言う。「骨肉の土に帰り復するは命なり。魂気のごときは則ち之《ゆ》かざる無きなり、之かざる無きなり」と[4]。骨と肉が土に帰るのは天命というものだ。だが魂には行けぬところなどない。行けぬところなど……。そう語ってから、ようよう立ち去ったという。これは『礼記』「檀弓」に記された話である。『礼記』は前二世紀ごろ、前漢初期までの成立と考えられている。

たとえ遺骸は異国の土になったとしても、霊魂はそこへ埋もれはしない。どこへなりとも飛んで行くことができる。そう信じられていたのである。息子の魂はいつか故郷へ帰り着き、そこで眠るにちがいないと。同じく『礼記』「郊特牲」に「魂気は天に帰し、形魄は地に帰す」とある。(5) さらに進んで前漢の淮南王劉安の『淮南子』「主術訓」に「天の気は魂と為り、地の気は魄と為る」とある。(6) 天の気である魂が精神であるなら、地の気である魄は形骸になるという。

先祖の祭祀のとき、はなればなれになった故人の魂と魄とを呼びもどして再生させる。忌日に一族の者を尸《かたしろ》とし、そこに魂と魄を依りつかせる。香を焚いて天から魂を招き、酒を大地にそそいで魄を呼びおこす。その詳細については後述したい。

同じく『淮南子』「精神訓」に「夫れ精神は天より受くる所にして、形体は地より稟《う》くる所なり」とある。人の精神は天から受けたもの、肉体は地から受けたものだという。ここでは壮大な天地生成論が前提になっている。

はるかな昔、天も地もなく暗く果てしない空間だけがあった。そこからふたつの神が混然一体となって現れ、天と地が生成されていく。やがてそれは分かれて陰と陽のふたつの気を生じ、万物が形づくられた。混濁した気は鳥や獣や虫となり、清純の気は人となった。人の精神は天からのものであり、肉体は地からのものだという。「精神は其の門に入り、骨骸は其の根に反《かえ》る」とある。人の精神はいずれその出てきた所に帰っていき、肉体はやがてその本来の場所にもどるという。そのように考えるならば、自分がこの世に存在するかしないかはたいした問題ではない。「我れ尚《な》お何ぞ存ぜんや」とある。[7]これは荘子が説いた生と死の思想を彷彿させる。

後漢の許慎の『説文』は「鬼」の字を説明して、「人の帰するところを鬼と為す。人に従い鬼頭に象《かたど》る」とした。[8]この時代には文字の音通にもとづく説明が盛行した。「鬼」とは「帰」であり、本来の場に回帰することを死とする考え方が現れたのである。

『列子』「天瑞」は先ほどの「精神は其の門に」云々の言葉を黄帝が語ったものとして伝える。そのうえで「精神は形を離るれば、各々其の真に帰す。故に之を鬼と謂う。鬼は帰なり。其の真宅に帰るなり」とする。[9]人が死んで精神が肉体から離れてしまえば、精神も肉体もそれぞれの根本に帰っていく。死んだ人を鬼というのは、鬼が「帰る」ことを意味するからである。それはすなわち本来の居場所へ帰っていくことだという。

時代はくだって十一世紀の宋代になると、不可知であるはずの鬼が合理的な秩序のなかに取りこまれていく。程伊川は「鬼神は造化の跡なり」とした。[10]鬼をあたかも日月や雨風と同列の自然現象として捉えている。また張横渠は「鬼神は二気の良能なり」とした。鬼神は陰陽の気におのずから備わるものだという。また、「鬼神の実は二端を越えざるのみ」とある。[11]鬼神の本質は陰陽二気の循環以外の何物でもないという。朱熹が鬼神を陰陽の消長としたのはこれを受けている。「鬼神は只だ是れ気。屈伸往来するは気なり。天地の間、気に非ざるは無し」という。[12]鬼神はただ気である。かがみこみ伸びあがる。それをくりかえす。それが気である。天地の間にあるもので気でないものはないという。

朱熹によって大成された朱子学は、万物を陰陽二気の変化によって成り立つものと捉えた。存在するすべてのものは現象世界の内側に位置づけられる。これは中国思想史における世界認識の巨大な転換であった。三浦國雄が説くとおり、そこには此岸も彼岸もなく、可視や不可視の世界という断層もありえない(13)。鬼といえども自然現象の延長線上にある存在となったのである。この考え方は先祖の祭祀の場でも重要な意味を持つであろう。

先祖と子孫のあいだには同じ気がかよっていると朱熹は考えた。それはたがいに感応しあうものである。あまりに遠い先祖であれば気の有無を知ることはできないが、しかし「祭祀を奉ずる者は、既に是れ他《かれ》の子孫なれば、必竟只だ是れ一気なり。感通の理有る所以なり」という(14)。祭祀を行なうものがその子孫である以上、つまるところは同じ気を共有している。吾妻重二によれば、たがいに感応しあう道理がここにあるという(15)。だからこそ子孫がみずから先祖を祀るとき、子孫の心に先祖の姿がありありと生起することが可能となる。まさにそのとき先祖の霊魂が儀式の場に臨んでくる。しかし、気はいったん散じてしまえば二度とふたたび集まりはしない。「已に散ずる者は復た聚まらず」とある。もしも無念の死をとげた者がいると「此の気は散ぜず、妖を為し怪を為す」という(16)。死んでもその気は散ずることなく怪異のわざをなすという。

上は皇帝から下は士大夫と呼ばれた官僚階級まで、家々に先祖の廟が設けられた。そのなかに御《み》霊屋《たまや》ともいうべき祠堂があり、先祖の主が安置されている。庶人の家でも居宅のなかにそのような空間が設けられた。主は直方体の木を台の上に立てたものである。神主とも言う。生身の尸に代わって先祖の霊魂を依りつかせる形代《かたしろ》である。霊魂がそこにくだってくる。先祖の忌日や春秋の祭のとき、家長は主を祠堂から居宅に移して奉仕する。終わればこれを祠堂にもどす。この主がやがて仏壇のなかの位牌となっていく。

人の肉体に霊魂が宿るという考え方は、心と体が不即不離ではないという前提にもとづいている。ということは、たとえ生きているときでも霊魂が肉体から脱出する場合がありえることになろう。眠っているあいだに霊魂がさまよい出ることもある。放心するのは体から霊魂がぬけた状態と考えられる。霊魂が動揺しているときは、わずかの衝撃でも遊離することがある。いったん遊離した霊魂は、なにがしかの呪術によってもとにもどすことができるという。しかし、首尾よくもとの体にもどらず、あやまって別に肉体に入ってしまうことがある。これはあまたの物語の題材にもなっている。

人の体から霊魂が完全に分離するとき、人は死を迎える。そのように昔の人は考えた。ただし、その判断は現在の医学にもとづく死の判定とはまったく次元が異なる。上述のとおり、霊魂が肉体から遊離することはありがちなこととされるから、いったん遊離した霊魂を呼びもどすことがまず行なわれた。中国でも日本でも招魂の儀礼がかつてさかんに行なわれ、所によっては今も行なわれている。

折口信夫は大正十二年（一九二三）に沖縄へ調査旅行におもむいた。かの地では霊魂を「まぶい」と呼んでいる。それは人間を守護するものであるが、また自由に遊離するとも考えられている。すなわち「人間守護の霊魂が外在して、多くの肉体に附著して居るものと見るのである」という。驚いたときは霊魂が遺失する。それを身体に取りこむためには「まぶいこめ」をしなければならない。さらに人が亡くなったときに「まぶいわかし」の巫術が行なわれたと折口は記している。[17]

台湾では病気もまた魂が体から離脱することによって起きると考えた。劉枝萬の研究がある。[18] 回収しないでおくと散佚して死にいたる。幼児は魂魄が肉体にいまだ固定されていない不安定な状態にあるとされ、夜泣きやひきつけも霊魂の離脱が原因とされる。すみやかに収魂しないと手遅れになるという。そこで収魂法が行なわれた。

息をひきとってもなお遺族はあきらめきれない。そこでさまざまな呪術によって死者をよみがえらすことができると信じた。もとより招魂の努力もむなしく、遊離した霊魂がふたたびもとの体にもどることはない。ただ、ごくまれに蘇生する場合がある。なんらかの医学的根拠があるにちがいない。しかし、もはやそれもかなわぬことが明らかになると、はじめて死が訪れたものと人々は観念した。体は遺体として扱われ、葬送の儀式がそこからはじまっていく。

三　祀られ、捨てられる

古い家であれば仏壇に位牌を祀っている。言うまでもなくそれは仏教にかかわるものである。しかし仏教にかかわるもののなかで、これほどわかりにくいものもなかろう。インドの大もとの仏教には位牌はない。何千巻もの仏教経典に位牌は登場しない。したがって仏教の根本的な教義のなかで位牌が説かれることはなかった。仏教の入門書や概説書をひもといても、おそらく位牌という文字は見つからない。にもかかわらず、昔も今も僧侶は位牌に戒名を記してきた。信心のある人は朝に夕に位牌の前で線香をともしてきた。

私たちが仏教にかかわる場があるとすれば、それは葬式や法事のときである。彼岸やお盆の墓参りのときである。日常ならば位牌の前で手を合わせるときである。そしてそのいずれもが大もとの仏教とは何のかかわりもない。

大もとの仏教とかかわりがないからといって、それは仏教ではないと言うつもりはない。今から二千数百年前にインドで成立した仏教は、やがてアジアのさまざまな地域に伝わった。伝わった先にはそれぞれに異なる風俗や習慣があり、歴史があり文化があった。伝わった先々で仏教が変容したのはむしろ当然である。変容しつつ新たなものを加えてきた仏教が、大もとのそれとはちがっていくのもまた自然な流れであったろう。

仏教に深くかかわっている位牌は、しかし仏教そのものには根源を見いだすことができない。位牌は祖霊信仰のなかでしかるべき位置をあたえられてきた。この祖霊信仰がそもそも大もとの仏教とはかかわりがない。しかし祖霊信仰を取り去ってしまっては、日本の仏教からもっとも大事なものが抜け落ちてしまうのではないか。

仏教と葬儀のかかわりについては、最古の仏教経典のひとつとされるパーリ語の『涅槃経』に語られた次の話が、しばしば引き合いに出される。ゴータマ・ブッダの臨終の場で、弟子のアーナンダはたずねた。「真理に到達した者〔すなわちブッダ〕の遺体はどのようにしたらよいでしょうか」と。ブッダは答える。「アーナンダよ、あなたがたは真理に到達した者の遺体を供養することにかかずらってはならない。あなたがたはみずからの目的のために努めるがよい。みずからの目的のために励むがよい。みずからの目的のために怠ることなく熱心に行なうがよい。アーナンダよ、王族の賢者たち、神官の賢者たち、富裕な市民の賢者たちのなかに真理に到達した者に対して信心をいだく人々がいる。彼らがその遺体を供養するであろう」と。(19)

ブッダは出家者の葬儀への関与を肯定しなかった。出家者は修行に専念すべきであって、冠婚葬祭などの俗事に煩わされるいとまはない。それは在家信者にまかせるべきだと説いたのである。さりとて葬儀そのものを否定したわけではない。そのことは、先ほどのブッダの言葉につづいて遺体の葬法が諄々と述べられていることからもわかる。(20) ただ、出家者が生活のたつきとして葬儀を請け負うことは認めていない。のちに道元もそれを語っている。「只《ただ》仏制を守て、心世事に出《いだ》すこと莫《なか》れ」と。いちずに戒律を守り、世間一般のなりわいに従事してはならないという。かさねて言う。「只、仏道を思《おもう》て、余事を事とすること莫れ」と。(21)

僧侶がもっぱら葬儀を事とする日本の現状は、インドの仏教とはまったくあいいれないものである。妻帯や肉食も含めて、これほどまでに距離が生じた背景には、異文化との摩擦や葛藤があり、そして寛容と妥協の歴史があったにちがいない。それを否定することはたやすいが、そのなかには現代の葬送墓制をめぐるもろもろの問題を考えるうえで、手かがりになることもあるのではないか。

柳田國男が昭和六年（一九三一）に朝日新聞社の求めに応じて執筆した『明治大正史世相篇』のなかに忘れがたい話がある。師走の町を雨に濡れながら歩いていた老人が警察に保護された。背負った風呂敷包から位牌だけが何十枚も出てきたという。柳田は記す。「斯んな年寄の旅をさまよふ者にも、尚どうしても祭らなければならぬ祖霊があつたのである」と。(22)

どんな境遇の身にも絶やせないものがあった。ここでは位牌が「家永続の願ひ」を象徴するものとして語られている。しかしそれからあと、この日本民俗学の開拓者が位牌を問題にすることはほとんどなかった。昭和十二年（一九三七）に柳田を中心とした民間伝承の会によって『葬送習俗語彙』が編纂されたが、そこには位牌が項目として立てられていない。民俗学者がこぞって葬送墓制の研究に取り組んでいったなかで、位牌に関心が集まるのはかなり遅れたのである。(23)

位牌に対する関心は仏教学においてはもっと遅れた。明治以降における仏教の学問的研究は、西洋哲学と対峙しうる東洋哲学の樹立という高らかな理想のもとに展開した。仏教を哲学として理解し、迷信を払拭する。これは近代化のなかで仏教を再興するためには不可欠の作業であった。廃仏毀釈の嵐が吹き荒れるなかで、迷信の権化とされていた仏教が起死回生をはかるには、高度な哲学として仏教を捉えなおす以外になかったのか。今でもその傾向はつづいている。祭礼や芸能をはじめ共同体がになっていた信仰の遺産のなかには、その過程で切り捨てられていったものが少なくない[24]。俗世に暮らす庶民の日常に密着した位牌が問題にされなかったのは、むしろ当然と言うべきであろう。

昭和三十八年（一九六三）に圭室諦成が『葬式仏教』を著した。序文に言う。「庶民が仏教に求めてきたのは葬祭であることを正面切って主張した。序文に言う。「庶民が仏教に求めているものは、葬祭、治病、招福の三つである。歴史的に見れば、まず治病、次に招福、十五世紀頃から葬祭という順序になる。そして葬祭化して初めて仏教は庶民の信仰を独占することに成功した。現在の仏教においては治病・招福の面が相対的に弱化し、葬祭一本といっても過言ではない」と[25]。こうした意識のもとに、葬儀を中心に据えた日本仏教史が語られた。これは画期的な着眼であったが、位牌についての言及はあまりなされていない。

これより早く、位牌の研究は仏教学の周辺領域からはじまった。昭和十一年（一九三六）に『仏教考古学講座』が刊行され、そこに「位牌」と題する論文が掲載された。その後の位牌研究の出発点ともなった業績である。それまで位牌に関しては仏教辞典などに言及はあったものの、本格的な研究はほとんどされていなかった[26]。執筆者の跡部直治は、鎌倉時代から室町時代の位牌を考察の対象とし、禅宗寺院において生前の供養である逆修のために作られたものであると主張した。

その際にそれまで漠然と言われていた神道起源説と儒教起源説にも批判が加えられる。前者の説は位牌を神道における霊代《みたましろ》から転じたものとし、後者の説は儒教の神主との類似から起源を中国に求めていた。跡部はそのいずれをも退けたのである[27]。その後の仏教考古学の研究では、現存する位牌の形態を分類してその変遷過程を歴史的にたどることに主眼が置かれた。しかし起源に関する考察はほとんど進展していない。上記のようにこれを仏教内部に求める説がそのまま継承されてきた(28)。

さて、神道起源説と儒教起源説が退けられたとはいうものの、その主たる理由は逆修のための位牌が神道にも儒教にもないという点にある。これが定説のようになっているが、それほど有効な根拠とは思えない。ある宗教にすでに存在するものを別の宗教が取りいれていくとき、従来にない新機軸を打ち出すのは布教手段として普通のことだろう。そもそも逆修という発想は神道にも儒教にもないのだから、そのための装置がなかったという理由でどちらとも無関係とするのはいかがなものか。

もとより死後のことや霊に関することは特定の宗教の枠におさまりきらない場合が少なくない。この世ならぬものへの畏れやあこがれが、個々別々の宗教の底辺で境目もなく絡みあい溶けあっている。そうした場で宗教の腑分けを厳密に行なうのは無理があろう。むしろ習合というありようを肯定したうえで、実態に即して考えてみたい。

仏教民俗学を提唱した五来重によれば、位牌は故人の霊魂がそこにやすらいとどまる依代であるという。やや先走って言えば、儒教の神主が中国宋代の禅宗を通して鎌倉時代の日本で受容され、やがて江戸時代に庶民のあいだで普及したのが現在の位牌の起源と考えられるが（これについては章を改めて検討する）、五来はその根源が民族固有の文化のうちにあると見なした。もとは霊魂をいつき祀る斎木《いはいぎ》であり、「いはい」の呼称も「斎《いは》いまつる」ことから出たという(29)。

漢語の「位」は位置することであり、「座」と同じく霊魂がそこに「座す《おわ》」ことを意味する。「牌」は名札の意味に用いる。位牌に記す文言は時代により宗派により違いはあるが、僧侶であれば末尾に「和尚位」と記し、俗人であれば「霊位」と記すことが多い(30)。いずれにしても「位」の文字が配されており、死者の霊がそこに居《い》ますことを示している。

葬儀のとき棺とともに運ばれる位牌がある。墓の上に立てておくか、棺に載せたまま埋めてしまう。これは野位牌と呼ばれる。死体から遊離したばかりの霊魂は荒魂《あらみたま》として恐れられたが、その荒魂の依代となる木を墓に立てた。これが野位牌の原型であると五来は考えた。それが石造になれば石塔墓碑となる。同じように霊魂の依代であるから、水をそそいで花をたむけ、香を焚いて供養するのだという(31)。

葬列のときたずさえていく物を俗に野道具という。大事なものを血の近い人から順番に持っていく。位牌持ちがなにより重い役目とされるのは、そこに亡き人の霊が依りつくと信じられているからであろう(32)。喪主が相続者として位牌を持つ。そして焼香を最初に行なう。これは家の継承を世間に公示することにつながる(33)。墓の問題がそのまま家の問題であるように、位牌もまた家をめぐることどもと離れがたく結びついている。

位牌は家の継承とさらには家の永続への思いを形にしたものである。それは先祖を祀ることに収斂していく。つまりは先祖供養という民俗事象の典型として捉えられてきた。しかしこうした理解に対して反論も提出されている。岩田重則は平成十五年（二〇〇三）刊行の『墓の民俗学』のなかで位牌論を展開した。これはたいへん刺激的な論考である。

民俗学者による位牌研究においては、祖霊信仰とのつながりが強調される反面で、仏教との結びつきには目が向けられていなかった。そうした研究のありように対する批判が、岩田の立論の出発点にある。位牌の原型が中世の禅宗寺院で逆修のためにはじまったものであることを踏まえ、その後の展開を仏教民俗の枠のなかで捉えようとしている。

岩田はまず位牌として包括しうる範囲を明確にし、そこに共通する要素を抽出した。そのうえで、いったいどのようなものを位牌と呼ぶかという定義をこころみている。それによれば、位牌とは故人の戒名を記した木製または紙製の物であり、ある一定の期間は故人の霊魂を祀る対象とされるが、最終的には祀り捨てられる存在であるとした[34]。

祀り捨てられる。ここにひとつの主張があろう。その前提には位牌を祖霊の依代と見なしてきた民俗学研究の通念に対する疑問がある。そしてそれを立証するために、岩田はハマオリ（浜下り）と呼ばれる位牌流しの習俗に注目する。

静岡県東部から伊豆地方にかけての広い地域で、葬式の直後または数日後に、近くの川原か海浜に行って位牌を流すならわしがある。そのとき位牌に石をぶつけて倒して流す。このなんとも奇妙な習俗の分析から浮かびあがってくるのは、位牌という実体に象徴されている死者の霊に対する恐れである。これを鎮めるためにこそ位牌が祀り捨てられる。宗教の次元では死者の霊魂は供養されるべきものであるとしても、民俗の次元ではそれは忌避されるべきものだという。そこには供養という観念は存在しない。そのように岩田は判断した(35)。

祀り捨てられるという点に、岩田は供養との乖離を認めたようである。それはそのとおりだと思うが、はたして受け入れがたいことなのか。霊魂が宿っているものと信じられ、恐れられる。けれども祀られ、供養される。そして捨てられる。たしかに矛盾に満ちている。しかしかえって大きな調和のなかにおさまっているように筆者は考える。

墓も位牌も、おしなべて死後のことや霊に関することどもは理屈で割り切れない。論証も反証もできない。したがって科学的な分析の対象におさまらない。だからこそ人文事象として取りあげる価値があろう。

これは後述するところだが、位牌を祀ることの原型と考えられる中国の儀式のなかで、故人の霊魂の依りつく物が次々に用意され、祀られ、そして捨てられていく。それに代わる物がまた用意され、霊の依代として丁重にあつかわれ、やがて姿を消していく。

祀られるものでありながら、しかも消滅する。そこに位牌の本質にかかわるものがある。消滅することのなかには、捨てられることも、焼かれることも、埋められることも含まれるだろう。いずれにしても目の前からなくなってしまうのである。位牌だけではない。墓さえも同じではなかったか。そして位牌と墓との接点もここにあるのではないか。もっと言えば、東アジアの死生観の特質があるのではないか。

四　墓につながるもの

古代の中国において墓はどのようなものであったか。『礼記』「檀弓」に次のような話がある。孔子は幼いときに父をなくした。その墓がどこにあるのか知らなかったので、母が亡くなったときやむなく往来の脇に柩を安置しておいた。のちに人にたずねて父の家の墓がわかったので、ようやく母を父のかたわらに葬ることができたという。母は夫の死後、子を連れてその家から離れていたのか。次のように言う(36)。

孔子少孤。不知其墓。殯於五父之衢。（中略）問於郰曼父之母。然後得合葬於防。（中略）孔子既得合葬於防曰。吾聞之。古也墓而不墳。今丘也。東西南北之人也。不可以弗識也。於是封之。崇四尺。孔子先反。門人後。雨甚。至孔子問焉曰。爾來何遲也。曰防墓崩。孔子不應三。孔子泫然流涕。

（孔子が幼いとき父は亡くなった。そのため父の墓がどこにあるのか知らなかった。母が亡くなったとき、やむなく五父の辻のかたわらに柩を置いておいた。（中略）郰曼父の母という人にたずねて、「父の墓がある」防の地に母を葬ることができた。（中略）こうして防の地でようやく父母をひとつにして葬ることができたのち、孔子はこう語った。「聞くところでは昔は墓をつくるにも土を盛ることはしなかったそうだ。だが今、私は東へ西へ、南へ北へと行ったり来たりする身のうえである。せめて父母の墓をそれとわかるようにしておきたい」と。そこで盛り土をして墓を築き、四尺の高さにした。孔子はひと足さきに家に帰った。弟子たちがまだ［防の地に］留まっているあいだ雨が降りつづいた。帰ってきた弟子たちに、どうしてこんなに遅くなったのか問うた。弟子たちは墓が崩れてしまったことを告げた。孔子は黙ったまま何も言わない。弟子たちが三たびそのことを告げると、孔子はぽたぽたと涙をこぼした。）

亡き母を父の墓に合葬しえたとき、孔子はなお放浪の身であった。みずからそれを語っている。「吾之を聞く。古《いにしえ》は墓して墳せずと。今丘や、東西南北の人なり。以て識《しる》さざる可からざるなり。是に於て之を封ず」と。そこで盛り土をして墓を築いた。ところが雨が降りつづいたため墓は崩れてしまったという。天は孔子にささやかな父母の墓を築くことさえ許さなかったのか。

この哀話には古代の葬墓制について考えるための手がかりがいくつか含まれている。まず孔子の言葉に「墓して墳せず」とあるから、墓域は設けても墳墓は造らなかったことが知られる。それを孔子はあえてした。「その崇《たか》さ四尺」とある。往古の尺度は今よりかなり小さく、四尺は一メートルにも満たない。墳墓といっても土饅頭ほどである。昔はそのわずか数尺の盛り土さえしなかった。それくらいに墓が重んじられることはなく、墓地で先祖の祭をする習慣もなかったと考えられる。

そんな社会常識にそむいて孔子はいくらかでも目立つ墓を造ろうとした。しかしなおも古代葬墓制の通念は強固であった。それでもようやく人々の意識が変わるきざしを見せはじめていたのだろう。そうした変化をこの話は伝えている。

『礼記』の編纂は前漢初期までになされた。したがって墓に対する意識の変化は、それに先立つ戦国時代から秦漢にかけてあったと考えられよう。はたしてこの境目の時期から巨大陵墓の造営もはじまる。墓の構造も現世の住まいを模したものになっていく。

内蒙古にある和林格爾《ホリンゴール》の墳墓では、墓室の壁面に現世の景観が描かれている。(37) 荘園のようであるが、生前のゆたかな暮らしが墓のなかにまで再現されたのだ。漢民族やその周辺の民族は、この世で送ったとのと同じような生活をあの世でも送ると考えていた。そうした思いが和林格爾の墓や秦の始皇帝陵などに現れている。

漢代以前に成立した書物を見るかぎり、古くは墓というものが特に重んじられることはなく、また墓地で祭祀が行なわれることもなかった。これは上述した孔子の父母の墓の話からもうかがえる。やがて墓を大切にする新しい習俗が行なわれるようになったことも事実だが、それは過去の習俗とは異なっているという記憶もまだ保たれていた。

同じく『礼記』「檀弓」に「墓を易《おさ》むるは古《いにしえ》に非ざるなり」とある。(38) 後漢の鄭玄はこれに注して「易むるとは草木を芟《か》りて治むるを謂う」とした。墓の草取りはしないのがならわしだったという。同じく後漢の蔡邕は『独断』に「古は墓して祭せず」と述べている。(39) 昔は墓地で祭祀を行なわなかった。詳細は後述するが、埋葬のあとはもっぱら宗廟で祭が行なわれ、故人の霊魂はそこで祀られる。墓地は遺体を葬る場所であるから、子孫によって祀られる霊魂とは直接の関係を持たない。したがって墓地に対して特別の注意が払われることはなかった。

さらに同じ後漢の文献である『四民月令』は、二月の太社の祭について次のように述べている。「其の夕、又冢薄を案じ祠具を饌《そな》う。厥の明に冢上にこれを薦《すす》む」とある。(40) 祭の日の晩に「冢簿」を調べて供物を準備し、翌朝に墓にそなえたという。冢は墓である。士大夫の家では先祖の墓について記した冢簿が作られた。それを参照しつつ季節の行事として墓地で先祖の祭祀が行なわれたのである。

遺体を葬った墓を大切にするということは、霊魂を祀る宗廟だけを大切にしてきたそれまでの通念に揺らぎが見えてきたことを意味する。それは祖霊に対する意識の変遷を前提とするであろう。宗廟における先祖の祭祀はなお行なわれていたが、後漢になるとむしろ形式的なものになっていく。古代からこのかた先祖の依代として祭祀の中心となっていた尸についての記述が見えなくなるのも、この時代のことである。

先ほどあげた『独断』の記述の前後に、陵寝に関する記述がある。それによれば、主人の居所には前に「朝」があり、後ろに「寝」がある。朝は政務を行なうところ、寝は日常生活をいとなむところである。先祖の位牌にあたる主を祀る宗廟も居所に準じたものだった。廟内の寝にあたる場所に故人の衣冠を納めていた。前述のとおり昔は墓地で祭祀を行なわなかったが、秦代になって陵墓の頂上またはその脇に寝を建てた。これを陵寝と呼ぶ。陵寝に故人の衣冠を置き、日々の食事をそなえる。毎月一度、衣冠を陵寝から廟に遊ばせる。これを游衣冠と呼ぶ。前漢はそれを踏襲した[41]。ただし大規模な墓祭が行なわれるようになるのは後漢の明帝の時代（五七～七五）からである。毎年正月の五供と八月の飲酎の祭祀のあと、皇帝は百官をひきいて陵寝に詣でる。食をたてまつり楽を奏する。臣下が穀価や民情を生きた皇帝に対するがごとくに報じたという[42]。

このように墓地での先祖祭祀が拡大したことの背景には、霊魂と肉体の捉え方に大きな変化があったと考えられている。小南一郎の主張したところである[43]。人々の意識のなかで霊魂と肉体とが切り離せなくなってきたのか。後漢以降はいよいよ墓室がさかんに造られ、その形態も現世の住居を模したものに変わっていく。これは死者の霊魂も肉体が納められた墓地に住まうという意識の現れであろう。やがて先祖の霊魂は墓を通じてこの世に働きかけるようになる[44]。

霊魂のやすらう場があるとすれば、やはり墓を措いてほかにはないのか。そこには死者の遺体が眠っている。その場所を尊ぶ意識がめばえた。意識というよりそれは心情と言うべきかもしれない。古くから中国人の意識のなかでは生と死は空間的にも時間的にも連続している。死は生の延長と観念され、あるいはそのように希求されてきた[45]。墓が「宅」と呼ばれた例は漢代以前の文献にすでにある。『儀礼』「士喪礼」は卜占にもとづいて墓地を選定することを「宅を筮す」と表現しており、鄭玄はこれに注して「宅は葬居なり」とした[46]。

それならば墓には先祖の霊がやすらっているのか。くりかえし述べたように、墓や位牌にかかわることはどれひとつとして確かなものはない。確かめようもない。

東晋の帛尸梨蜜多羅訳とされる『灌頂経』のなかに『仏説灌頂塚墓因縁四方神呪経』がある。『灌頂経』は雑多な陀羅尼神呪を集成した経典であり、五世紀に中国で編纂されたと考えられる[47]。そのなかでアーナンダがブッダにたずねている。「若し人命終せば、山野に送著し、墳塔を造立す。是の人の精魂は中に在りや不《いな》や」と。亡くなった人を野山に葬って墓を立てるとして、はたしてその人の霊魂は墓のなかにいるのかと問うたのである。ブッダの答えは「是の人の精魂、亦た在り、亦た在らざるなり」とある。墓にいる場合もあり、いない場合もあるという。

ブッダはつづけて言う。仏の教えを知らず、善行も悪行もせず、福徳も災厄も経験しなかった者の霊魂は墓に留まっている。どこにも行く場がないのだ。「未だ去る処有らず」とある。かたや善行に励んで天に生まれた者は墓に留まっていない。もろもろの悪行を犯して餓鬼畜生に生まれ変わり、地獄に墜ちた者もまた墓に留まっていないという[48]。

天に生まれるか地獄に墜ちるか。いずれであれ、その人の霊魂はもはや墓にはいない。しかし、いずれ定まらぬ霊魂はどこにも行きようがない。留まりつづけるしかないことになる。これはいかにも仏教の教えにかなった答えであろう。だが今はその答えよりも問いにこそ注目したいものがある。千五百年前の中国人とて、墓を立ててもそこに故人の霊が留まっているかどうか、しかとは断言できなかったのだ。

五　忘却のかなたへ

柳田國男は昭和四年（一九二九）に東京人類学会の機関誌『人類学雑誌』に「葬制の沿革について」を発表した。これはわが国の葬墓制研究のひとつの出発点となった記念すべき論文である。

そこでまず問題として提示されたのは、石器時代の遺跡がいろいろな場所で見つかっているのに、中世以前の墓場がどこにも見つからないということである。近世から後もさほど変わりがない。死んでいった人の数は莫大であるにもかかわらず、残っている埋葬場所はいたってわずかしかない。

日本で火葬が行なわれたことは古い記録にある。しかしそれは限られたことであり、よほど新しい時代になってようやく採用された例も少なくない。それでいて土葬の痕跡もまた乏しいことを考えると、私たちが普通に考えている形式のほかに、それとは異なる遺骸処理法があったはずである。民俗学でいう常民のあいだで行なわれていたことが予想されよう。ただしそれがいかなる形式のものであり、いかなる変化を踏まえて今見るような葬制に変わったかについて、記録にはほとんど留められていない。ならば今なお行なわれているいろいろな地域の葬式の習慣のなかから、その一端をかいまみることはできないものか。そうした問題意識が浮上した。

柳田によれば、どんな民族であれ葬制はもっとも主要な文化の特徴のひとつと見なされる。にもかかわらず、わが国ではまだ十分に明らかにされていない疑問点が多い。その理由として、ほかの民俗的なことがらと異なり葬制には一定のしきたりがあり、全国どこへいっても同じではないかという思い込みがある。しかし事実は決してそうではない。

儀式というものはそもそも変化したり改革される機会がいたって少ない。むしろ土地ごとの旧来の方式をよく保存していると考えてよい。葬式に関していえば、これはあらかじめ計画して行なわれるものではない。しかも当家の者は喪主ではあっても実際の運営にはたずさわらない。そのため誰も責任をもって古い習慣を改めようとはしない。その結果、家ごと地域ごとの作法が忠実に、むしろ無批判に守られていく。ことによれば何百年と代わることなく引き継がれ、延々と昔のままくりかえされていくのである。

柳田は言う。「斯ういふ住民の何とも思はれずに過ぎて居る生活の中に、却つて古風の尋ぬべきものがあるのでは無いかと私などは思つて居る」と。(49)これこそ日本民俗学が対象としてきた事象の典型と言えるかも知れない。そのような視点からさらに考察が進み、戦後まもなく発表された『先祖の話』に受け継がれていく。

そこでは常民のあいだに行なわれた遺体の処理法が検討される。あたかもその目的はすみやかに消えてしまうところにあるのではないかと思われるほどに、保存の意図が認められない。さりとて保存すべきものを粗末にしたわけではない。柳田自身が全国を旅して歩いたなかで、新しい埋葬地の上に若木を植える風習があるのを確認している。あるいは色や形に特徴がある石を海辺や川原から拾ってきて、枕石として埋葬地の上に置くことも行なわれている。しかしそれとて、葬儀に参加した人はその木や石を記憶していても、その人たちがいなくなるころには「次第に忘れられてたゞの松原、たゞの石原になつてしまふのは自然である」という。

早く知られなくなるのがいい。そう言う人さえ少なくなかった。墓石が立てられるようになると、そういう消滅のありようが難しくなって、かえって荒れたままの墓ができてしまう。だが、昔からずっとつづいてきた日本人の葬りの姿は、決してそうではなかった。かつては人の行かない山野にただ置いてくればよかった。そこに小屋を建てて喪にある人が籠もることもした。それでも「忌が晴れて常の生活に戻つて来ると、それから後はたゞ忘却が有るのみであつた」という[50]。

ただ忘却だけがある。ここにゆかしさがある。これこそ日本人がついこのあいだまで普通に抱いてきた葬りの感覚だったのかもしれない。ただ抱いてきただけではない。実際にそのように行なってきたのだろう。

『徒然草』に言う。「からはけうとき山のなかにをさめて」と。なきがらは人の行かない山のなかに葬るという。お参りするのは命日ばかりである。いつしか墓石も苔むして木の葉でうずまり、訪ねてくるのも夕の嵐や夜の月ばかりであると。つづけて言う。「跡とふわざも絶えぬれば、いづれの人と名をだに知らず、年々の春の草のみぞ、心あらん人はあはれと見るべきを」と。いつしかとむらうこともとだえてしまえば、どこの誰ともわからなくなる。年ごとに萌えいづる春の草に、心ある人はあわれを感じるくらいか。嵐に吹かれて音を立てていた松の木もやがて薪にされ、古い塚は鋤きかえされて田となる。その跡さえいずれなくなってしまうだろう。いかにもわびしいことではないかという。(51)日本人の葬りの原点、あるいは原風景というのがここにある。そうした思いが変わらずにありつづけたのではないか。

墓標として樹木を植えることは、古くは『呂氏春秋』「孟冬紀」に見える。前三世紀の書物である。堯帝が亡くなったとき、「堯は穀林に葬られ、通じて之に樹《う》うる」とある。(52)帝は穀の林に葬られたが、そこに以前と同じように木を植えたという。また三世紀撰述の『三国志』魏書「武帝紀」は、建安二十三年（二一八）に魏の臣下が寿陵を造ったと記す。寿陵は生前造営の陵墓をいう。そこには「高きに因りて基と為し、封せず樹せず」とある。(53)小高い丘を利用して土も盛らず木も植えなかったという。あえて記したほどだから、このころ墓に盛り土をほどこし、あるいは木を植える習慣があったことがわかる。七世紀までに成立した道教経典『正一威儀経』は、遺体を質素な柩に納めて山林や草地に葬るように説いている。その際に墓の上に木を植えたり、周囲に土手を築いてはならないとした。(54)これも当時の習慣をいましめた文章だから、やはり墓上の植樹が行なわれていたことが知られよう。

最近注目されている樹木葬は、埋葬地に墓石を立てず、代わりに木や花を墓標として植える。これは早くは二千年以上も前から中国で行なわれていたのである。日本でも千三百年前にすでに墓に木を植えていた。『続日本紀』に記録された養老五年（七二一）の詔には、「棘を芟《か》りて場《には》を開き、即ち喪の処《ところ》と為せ。又、其の地には皆な常葉の樹を殖えよ」とある。(55)茨を刈って土地を開き、そこを葬りの場所とすること、さらに常緑の樹木を植えることを命じたのである。平安時代の終わりごろ成立した『餓鬼草紙』に中世の墓地のようすが描かれている。そこには盛り土の上に枝を挿した塚や、いくらか大きな木を植えた塚が見える。(56)

平成十一年(一九九九)に岩手県一関市の臨済宗祥雲寺が、樹木葬の名で墓地を開設した(現在は知勝院が運営する)。里山の雑木林のなかで遺骨を土に埋める。目じるしにヤマツツジをはじめとする花木が植えてある。柵や墓石などの人工物はいっさいない。環境問題を視野に入れた自然保護の葬法と意識されている。継承者を必要としないことも現代の家族事情にかなっていよう。こうした樹木葬への取り組みが全国に広がりつつある。

この動きを推進している井上治代の著書のなかに、樹木葬を申し込んだ人々の感想が掲載されている。「好きな山の土に還り、さらに今度は花に生まれ変わって、そして毎年毎年、きれいな花を咲かせていける」というのがあった。あるいは、「私は跡形もなく消えたい。かねてから死んだら山に植えて、そこに山桜を植えて」というのもあった。(57)

こうした思いは日本列島に暮らす人々だけが抱くものなのか。

『三国志』魏書「文帝紀」に魏の文帝が黄初三年(二二二)に寿陵を造営させた記事がある。帝は布告して言う。「夫れ葬は蔵《かく》す也。人の見るを得ざらんことを欲す」と。(58)そもそも葬るというのは隠すことであり、誰にも見られないようにしたいという。それだから棺は骨を朽ちさせ遺体にかぶせる衣服も肉を朽ちさせるだけのもので充分である。さらに言う。「易代の後、其の処を知らざらしめんと欲す」と。いずれ王朝の改まったのちは葬った場所さえわからなくなってよいという。墓にしても位牌にしても、手を合わせるその対象は永遠の存在ではない。祈りの対象を未来永劫にありつづけるものとは考えない民族の心性がそこに横たわっている。この世にあったものはいつかあとかたもなく消えていく。

祭祀の対象でありながら遺棄される。その結果、位牌もまた遺品がまとまって存在することはまれとなる。寺院においては開山開基の位牌は保存されるが、檀家が託していく位牌は供養のあとで焚きあげるのが一般である。こうした事実が研究資料としての数量上の制約を生み、位牌の学問的な研究がなされにくい理由にもなっている(59)。

位牌が祀られやがて消えていくことは、つとに柳田國男も注目していた。というよりも、これこそが柳田の考える日本人の祖霊観の要諦と言ってもいい。『先祖の話』のなかで、三十三年目の法事がすんだあと位牌を川に流すならわしが東北地方や沖縄周辺の島々にあることがたどられる。それを踏まえて、「つまりは一定の年月を過ぎると、祖霊は個性を棄てゝ融合して一体になるものと認められて居たのである」と柳田は述べている(60)。

三十三回忌を最終の年忌とするのを「弔い上げ」と呼ぶ。名称はほかにもあり年数も地域や宗派によって異なるが、いずれにしても最終年忌のあと仏事は行なわない。位牌を祀ることもここで終了する。その後のあつかいはさまざまだが、墓地に埋めたり、墓前で焼いたり、あるいは寺へ納めるところもある。いわば位牌の祀り捨てがこのとき行なわれる。位牌祭祀の終了である。柳田はこれをもって故人の霊魂が先祖という一体のものへ融合していく決定的な契機と見なした。こうした祖霊観念にもとづく位牌の位置づけが、その後の民俗学研究のなかでほぼ定説となっている。

個性をうしなって先祖になるという。しかし、それはもはや忘れ去られるということではないのか。ついには消滅というまったき調和のなかに埋もれていく。それが私たち日本人にとってのあるべきようではなかったか。位牌はそれにつながっている。

歴史的には位牌という実体の起源は宋代の禅宗に求められよう。その前段階に朱熹の『家礼』があることは、最近の朱子学研究においても主張されるようになった。『家礼』にもとづく冠婚葬祭のあり方は、中国だけでなく韓国や日本においても確固たる規範を提供しつづけてきた(61)。

ここでさらに一歩を進めてみたい。位牌を立てていとなまれる葬送儀礼が今から二千年前の儒教にさかのぼることを主張したいと思う。現代の墓や位牌にかかわる問題の根源はほとんどこのとき出揃っており、昨今話題になっている新しい葬りのありようも、歴史をふりかえってみれば新しいものは何もなさそうである。それを見定めることができれば、かえって新しい葬送のスタイルへ踏み出す可能性も開かれていくのではないか。

第二章　儒教の葬送儀礼（上）

一　礼の文献とその実際

古代中国における葬礼の詳細は儒教の経典である『儀礼』に記されており、さらに『礼記』によって知ることができる。『礼記』は礼を中心とした儒家の記録を集成したものだが、葬礼にかかわる記述が全四十九篇中にことのほか多い。記述は天子・諸侯・卿・大夫・士にかかわる。『儀礼』の記述はもっぱら士を対象とする。冠婚葬祭の儀式と制度を記した十七篇のうち喪にかかわるのが七篇ある。このうち葬礼をあつかうのは「士喪礼」「既夕礼」「士虞礼」の三篇である。天子の葬礼については『後漢書』「礼儀志」によって知ることができる。身分に応じた規模の差異は量的には相当なものだが、質的にはそれほどの変化はない。

儒家の十三経のうち、『周礼』『儀礼』『礼記』をあわせて三礼と呼ぶ。後漢の鄭玄はこの三書に注をほどこした。これが盛行して三礼の名が起こったとされる。このうち礼を専門に説くのは『儀礼』である。『周礼』は周王朝の理想的な官僚制度を記した書物である。行政法典として後世にあたえた影響は甚大だが、内容は礼だけではない。のちに五経のひとつに数えられる『礼記』は、礼制のみならず倫理・学術・習俗にも記述がおよんでいる。ただし体系的な記述ではない。『儀礼』は漢代には『礼』または『礼経』と呼ばれた。そこに附された「記」は『礼』の注釈とされる。今日『礼記』の名で呼ばれる書物も本来は『礼』の「記」ではないかと考えられている。清の朱彝尊が『経義考』に述べたとおり、『礼記』は『儀礼』に遅れて作られたのだろう。[1]『儀礼』の成立は戦国末から秦代におよぶころ、『礼記』の成立は前漢初期とするのが一般である。『後漢書』「礼儀志」の編纂はずっと遅れるが、用いられた資料はどのくらいさかのぼるのか。先帝の大喪と新帝の即位とが連動し、かつ大赦の布告が記してある。これは後漢も最末期のことであり、霊帝の大喪が素材を提供したと考えられている。[2]崩御は中平六年（一八九）である。

礼は宗教儀礼からはじまった。礼の正字「禮」は、もと醴《あまざけ》を用いる祭礼を意味した。[3]のちに宮廷儀礼に範囲が拡大し、後世は冠婚葬祭といった家庭の通過儀礼をさすようになる。礼が社会的な秩序の構築をめざすものである以上、なんらかの規範が不可欠となる。規範にもとづいて礼が実践される。それは具体的な行為であるから、時代ごと地域ごとの慣習、あるいは社会の通念と絶縁していない。現実の生活に適合しなければ意味をなさないとすれば、時代の変化にともなう周囲との同調も予想されるのではないか。

『論語』「為政」は孔子と弟子の子張との問答を記している。[4] 子張が問うた。「十世知るべきや」と。十代先の王朝のことがわかりますかという。孔子は答える。「殷は夏の礼に因《よ》る、損益する所知るべきなり。周は殷の礼に因る、損益する所知るべきなり」と。殷王朝はその前の夏王朝の礼を受け継いだ。したがって「損益する所」つまり廃止したり追加したあとがよくわかる。同じように周王朝は殷王朝の礼を受け継いでいるから廃止や追加の痕跡が明瞭にたどれるのだ。そのうえでさらに言う。「其れ或いは周を継ぐ者は、百世と雖も知るべきなり」と。それだからもし周のあとを継ぐものがあれば、たとえ百代先でもわかるという。礼の本質が継承されるべきことは当然だとしても、それでもなお「損益する所」はあるとした。

礼は先祖から子孫へと継承されていく。しかし『史記』「孔子世家」が記すところでは、孔子の生きた時代には周の王室は衰微しており、「礼楽は廃《すた》れ、詩書は欠く」状態であった。礼も音楽もなおざりにされ、「詩」や「書」の本文にも欠けたところがあったという。そこで夏と殷と周の王朝三代の古い儀礼を求め、弟子たちに「詩書礼楽」を教えた。[5] 池田末利が指摘するとおり、このうち詩と書は文献の記述をもとに教授されたとしても、礼と楽は机上でなされるものではない。いずれも実習が主体であったにちがいない(6)。『史記』「儒林伝」に「礼は固《もと》より孔子の時よりす。しかれども其の経は具《そなわ》らず」とある(7)。孔子の時代には礼の経典は完備していなかったという。礼の詳細が記されていないという事実は、実習によって伝授されるべきその本質からしても理解できる。そこでは伝承された規範にもとづく具体的な所作が求められたろう。

前千百年ごろ中原を支配した周王朝は、祭政一致の神権政治によって天下に君臨した。歴代の王は礼法を重んじ、礼の王国を築きあげた。その遺制が後世に伝承されていく。いわゆる周礼である。王侯貴族から臣下官吏の等級を厳格にし、頻繁に儀礼を行なわせた。その多様な形式に対応すべく堂宇が建てられ、礼服や祭器が定められた。

儒教が理想とするのは周礼にもとづく伝統文化である。これを斯文という。周王朝が衰微して春秋の時代になると、斯文のかがやきは徐々にうしなわれていった。その復興をくわだてたのが孔子である。いずれ諸子百家が並び立つなかで儒家は礼学を標榜した。上古の礼制は忘れ去られてひさしい。それは聖人によって作られたものだとされる。礼のあるところにこそまことの文化がある。孔子にとってそれは端的に周王朝さかんなりしときの文化をさしていた。

『論語』「八佾」のなかで孔子は周をたたえて言う。「郁郁として文なるかな。吾は周に従わん」と(8)。あやなす文化の花があふれんばかりに香り立っているという。その周の世を孔子はひたむきなまでに敬慕した。

理想の社会とは遠い過去に存在したものとされる。上古の帝王たちの時代こそ人倫の範型を求めるべきところ。人としてのあるべき姿とは、彼らが実現していたものである。これを「先王の道」という。先王の道の復活、上古への回帰こそが孔子の求めるところであった。その実践は行為の規範である礼によらねばならない。礼はまた伝統に裏づけられるべきものである。先王の道にならい、かつて行なわれていた礼を実習する。孔子の教学が根本としたものはすなわち礼の実習にほかならない。

古代中国の礼制はやがてその記録が伝えられるにいたったとき、すでに高度に練りあげられ繁雑をきわめたものとなっていた。『儀礼』のなかでも葬送儀礼はその主要な部分をなしている。中国の儀礼の特色としてしばしば指摘されるのはその持続性である。(9) たとえば『儀礼』「喪服」には、喪に服すること、今言うところの服喪の規定が記されている。喪服は本来は喪中に着る麻の衣をさす言葉だが、その内容は喪に服する期間から衣食住にわたる謹慎におよんだ。服喪の期間は親族間の親疎にもとづいて五等級に分けられる。これを五服と呼ぶ。

第一に、父が亡くなったときは三年の喪に服す。これを斬衰と呼ぶ。第二に、父の没後に母が亡くなったときは三年の喪に服す。これを斉衰と呼ぶ。第三に、従父（父の兄弟）や子が亡くなったときは九箇月の喪に服す。これを大功と呼ぶ。第四に、祖父母や孫が亡くなったときは五箇月の喪に服す。これを小功と呼ぶ。第五に、曾祖父母や曾孫が亡くなったときは三箇月の喪に服す。これを緦麻と呼ぶ。(10) この五服の規定はその後の歴代王朝をへて清朝末期まで、すなわち二十世紀のはじめまで基本的には変更されることなく継続した。こうした親族の序列とそれにともなう喪の軽重は、現代日本の忌引の日数にまで影響している。

もうひとつ注目したいのは、規定と実際との調整である。同じく服喪に関して言えば、斬衰三年というが実際は足かけ三年とする。したがって二十五箇月である。後漢の建初四年（七九）に章帝のもとで白虎観会議が開かれ、儒教の教義をめぐってさまざまな議論が行なわれた。そこでこの問題も取りあげられ、結論は班固がまとめた『白虎通』「服喪」に記録されている。[11]

しかし幾分か短縮されたとはいえ、これでもなお実際にそぐわない。皇帝が崩じてのち朝廷が二十五箇月も政務を停止することはできない。そこで持ち出されるのが、かつての前例である。前漢の文帝は後元七年（前一五七）に臨終の詔のなかで、斬衰三年すなわち三十六箇月の服喪を三十六日に短縮せよと命じた。一般の民にいたっては三日でよいとしたのである。『漢書』「文帝紀」に遺詔に曰くとして、「其れ天下の吏民に令す。令到らば出で臨すること三日にして皆釈服せよ」とある。[12]これを根拠として『後漢書』「礼儀志」でも天子の喪を三十六日で終了させた。[13]

こうした前例は故事と呼ばれる。渡邉義浩の考察がある。[14]教義はおいそれとは変えられない。それを調整するには故事によらねばならない。逆に言えば、なんらかの前例によって実際生活と教義との調整がはかられた。これが中国における礼の実態であったとも言える。

二　葬儀のはじまるとき

『儀礼』「士喪礼」は士の臨終からはじまる。以下しばらく「士喪礼」の記述をたどっていく。内容はいたって繁雑だが、形や名称を変えつつどこかで今につながるものも少なくない。「士喪礼」に附された注釈である「記」に言う(15)。

士處適寢。寢東首于北墉下。有疾。疾者齊。養者皆齊。徹琴瑟。疾病。外内皆埽。徹褻衣。加新衣。御者四人。皆坐持體。屬纊以俟絶氣。男子不絶于婦人之手。婦人不絶于男子之手。乃行禱于五祀。乃卒。主人啼。兄弟哭。設牀笫當牖。衽下莞上簟。設枕遷尸。

（士は正寝の室におり、北壁の下に東枕で寝る。病があれば病人も看病人も思いをひとしくする。琴瑟を撤去し、病が重くなれば室の内外を残らず清掃する。普段の衣を脱がせて新しい衣に替えさせる。四人の侍者がそろって坐り手足を持つ。〔臨終が迫ると病人の口に〕綿を近づけて息の絶えるのをうかがう。男であれば女の手を触れさせず、女であれば男の手を触れさせない。なおも〔家を護る〕五祀の神々に祈るが、やがて亡くなると喪主は大声で泣き、兄弟も叫び泣く。寝台と寝床を〔南の〕窓の下に据え、しとねは莞《いむしろ》を下に簟《あしむしろ》を上にする。枕を置いて遺体をここに移す。）

ここには「士は適寝に処《お》り、寝るに北墉の下に東首す。疾《やまい》有れば疾《や》む者は斉《ものいみ》し、養う者も皆な斉す。琴瑟を徹し、疾の病なれば、外内皆な埽《はら》う。褻衣を徹し、新衣を加う。御者四人、皆な坐して体を持す。纊を属《つ》けて以て気の絶えるを俟つ。男子は婦人の手に絶《いきた》えず、婦人は男子の手に絶えず。乃ち禱《いのり》を五祀に行なう。乃ち卒すれば、主人啼し、兄弟哭す。牀笫を設けて牖に当て、衽は莞を下にし簟を上にし、枕を設け尸を遷す」とある。

一家の主人が危篤に陥ると、寝室の北壁のところに東枕で寝かせる。室内を掃き清め、衣を着替えさせる。病人の口に真綿を近づけ、息が絶えるのをうかがう。命が絶えると、近親の者は哀哭する。牀《いげた》の寝台に竹を編んで作った笫《すのこ》の寝床を敷き、南側の窓の下に据えて遺体を移した。

寝は住居の主要部分である。天子には燕寝、諸侯には路寝、大夫・士には適寝または正寝という。『儀礼』が士の礼を対象とすることはすでに述べた。建物の中央は堂で、接見や饗宴などを行なう。堂に昇る東側の階段は阼階という。家の主人が日常用いる。西側の階段は西階という。賓客が昇降する。『礼記』「曲礼上」に「主人は東階に就き、客は西階に就く」とある。[16] 奥に室があり、左右に房がある。わが国の寝殿造はこれにもとづく。

喪主とそれに準ずる親族では泣き方が異なる。「主人は啼し、兄弟は哭す」とあった。鄭玄の注に「哀に甚だしきと否《しか》らざると有り」という。[17] 啼は内に悲しんで声を殺して泣くこと、哭は外に声をあげて泣き叫ぶ所作とされる。この相違については古来議論がある。啼について言えば、悲しみのあまり声も出ないという説もあれば、みだりに声をあげるのは礼を失するという説もある。いずれにしても近親の度合いに応じて差がなければならない。これは礼の基本と考えられている。

つづいて招魂の儀式が行なわれる。これを復という。死者の霊魂を呼び復《もど》す意である。『礼記』「喪大記」に言う(18)。

復有林麓。則虞人設階。無林麓。則狄人設階。小臣復。復者朝服。（中略）皆升自東榮。中屋履危。北面三號。捲衣投于前。司服受之。降自西北榮。（中略）凡復。男子稱名。婦人稱字。唯哭先復。復而後行死事。

（復を行なうに、もし近くに山林があれば専属の官吏に梯子を造らせ、山林がなければ楽人に梯子を造らせ、近侍の臣に復を行なわせる。復を行なう者は朝服を着用する。（中略）誰もが東の軒から屋根に登り、中央の棟の上に立ち、北面して三たび魂を呼ぶ。衣を巻いて前へ投げ下ろし、司服が受け止める。復を行なった者は西北の軒から降りる。（中略）すべて復を行なうとき、男は名を呼び、女は字《あざな》を呼ぶ。人が亡くなるとすぐに［近親者が］哀哭するが、そのあとでまず復を行なう。復を行なってから喪礼に移る。）

ここには「復するに林麓有らば、則ち虞人は階を設く。林麓無くば、則ち狄人は階を設く。小臣は復す。復する者は朝服す。（中略）皆な東栄より升《のぼ》り、屋に中して危を履《ふ》み、北面して三たび号《よ》ぶ。衣を巻きて前へ投ず。司服は之を受く。西北の栄より降る。（中略）凡そ復するに、男子には名を称し、婦人には字を称す。唯だ哭するに先ず復し、復して後に死事を行なう」とある。
復を行なうものは正装し、官吏に命じて梯子を用意させる。東の方角から屋根に登り、北に向かって三たび死者の名を呼ぶ。死者が身につけていた衣を巻いて屋根から投げ下ろし、下の者がこれを受け止める。以上の所作を行なったのち、西北の軒から下へ降りるという。つづいて「士喪礼」に言う(19)。

復者一人。以爵弁服。簪裳于衣。左何之。扱領于帯。升自前東榮。中屋北面招以衣。曰皋某復三。降衣于前。受用篋。升自阼階。以衣尸。復者降自後西榮。
（復を行なうひとりの者は［故人の上等の礼服である］爵弁の服を用い、下着に上着を重ね、これを左［の肩］にかついで、その衿を自分の帯にはさんでおく。東の軒から登り、屋根の中央で北面して衣を左右の手にとって招く。「ああ、某よ、戻れ」と三たび呼び、衣を前に投げ下ろす。［下にいる者が］箱でその衣を受け止め、東側の階段から堂に昇って遺体に着せる。復を行なった者はうしろの西の軒から降りる。）

ここには「復する者一人、爵弁服を以てす。裳を衣に簪《つら》ね、左に之を何《にな》い、領《えり》を帯に扱《さしはさ》む。前の東栄より升り、中屋に北面して招くに衣を以てす。皋《ああ》某よ復《かえ》れと曰うこと三たびす。衣を前へ降し、受くるに篋《はこ》を用う。阼階より升り、以て尸に衣す。復する者は後の西栄より降る」とある。

復を行なう者が着用する衣服については記載はないが、この儀式で使用するのは故人の礼服だとしている。これをかついで屋根に登り、「誰それよ、帰り来たれ」と三たび呼ぶ。下で衣を受ける者は、素手ではなく篋を用いる。故人の霊魂が衣に依りつくと考えるからであろう。主人のごとく東側の阼階から堂に昇り、衣を遺体にかぶせるという。

生死の境にある人の名を呼んで魂を呼びもどす習俗は、日本でも魂呼《たまよばい》などと呼ばれ、ほぼ全国にわたって伝承されている。今なお行なわれているところも少なくない。枕もとで呼ぶ。屋根へ上がって呼ぶ。山や海に向かって呼ぶ。あるいは井戸の底に向かって呼ぶのもある。

枕もとで呼ぶのはもっともなようだが本源ではない。体から遊離した霊魂を呼びもどすのだから、霊魂が抜けた遺体に向かって呼んでも詮ないことである。屋根の上から呼ぶのは、上述のとおり二千年以上も前から中国で行なわれていた。山や海へ向かって呼ぶのは、そこが霊魂のおもむく先と信じられていたからだろう。呼ばり山というのが各地にある。井戸の底は地下の世界、つまり「あの世」に通じると考えられたためか。他界と観念されたところに向かって、死者の霊が行こうとするのを呼びとめ、呼びもどそうとしたのである[20]。

万寿二年（一〇二五）に藤原嬉子が亡くなったとき、父道長は陰陽師に命じて屋根の上で魂呼びさせた。藤原実資の日記『小右記』には、聞き慣れない風習であったと記されている[21]。江戸時代の口碑伝承を集めた『越後風俗志』によると、人が亡くなると修験者に頼んで「なきたまよばい」をしてもらう。故人が身につけていた衣をたずさえて東南の方角から屋根に登り、北に向かって大声で三たび名を呼ぶ。衣を依頼人のもとに投げ落とし、西北隅から屋根を降りる。「其死人の存生中着たる衣服を携へ東南の方より家の上へ登り北に向ひ大音にて三度呼招き其衣服を巻て頼みし人の前へ投落し己は西北の方より地へ降る」とある。文化年間（一八〇四〜一八年）のころまで流行したという。[22] 古代中国の習俗そのままではないか。

衣服はたえず肌に触れているから魂魄が附着する依代となる。身体を包むものであるから魂の容器にもなる。古代中国の復でも近世日本の「なきたまよばい」でも必需品であることは共通していた。[23] 名を呼ぶのも同様である。その根底には名がその実に符合するという考え方がある。名称は実体にひとしく、名前はその人と分かちがたく結びついている。したがって名前を知ればその人を支配することができる。だから招魂にも呪詛にも応用されることになる。

『儀礼』「士喪礼」に附された清の胡培翬の注に、復を行なう者が故人の衣を屋根から投げるとき、「魂の降るが如く」下ろすとある。[24] これを受けた者が東側の阼階から堂に昇ることはすでに述べた。阼階は家の主人が用いるものである。鄭玄の注によれば、「魂のこれに反《かえ》るを得たるが如く」故人に衣を掛けるという。[25] したがってこれまた霊魂の依代にほかならない。

衣服に霊魂が宿る、あるいは寄り添うという感覚は日本人も共有していた。遺体に生前の衣を掛けるのは、上下さかさまにするところから逆さ着物などと呼ばれ、魔除けのためと言われている。しかしこれを墓地まで運ぶのは、故人に密着しているがゆえに霊魂が籠もるとされたからではないか。[26] 近親者による哀哭についても、魂呼と同じく死者をよみがえらせる呪術に結びつける意見がある。喪礼の場における雇い泣きの習俗は中国や韓国では今も行なわれており、日本でも泣女《なきめ》の存在が知られている。

三　霊の依りつくところ

哭も復も甲斐なく息を引きとったそのときから喪礼がはじまる。部屋の北に寝かせた遺体を南の窓の下に移してあった。遺体の口を開き、匙を入れて歯を支えておく。硬直して口が閉じてしまうと、あとで米を口に含ませる儀式が行なえなくなる。それを防ぐためである。これを楔歯という。また、両足を脇息に結びつけておく。あとで靴を履かせるとき足が曲がるのを防ぐためである。これを綴足という。

日本でも似たような習俗がある。かつては棺桶は坐棺が普通だったから、遺体を納めるときに四肢が硬直していると折り曲げられない。そこで死後まもないうちに膝を折っておく。これを手直し、あるいは床直しと呼ぶところがある。[27] 荒縄で縛っておくこともする。その縄を極楽縄と呼ぶ。地方によっては納戸の柱にもたれさせる。その柱を死人柱《しびとばしら》と呼ぶ。[28] ひびきは不吉だが、意図は古代中国の場合と同じである。

つづいて肉や酒などの供え物をする。これを奠という。脯《ほしじ》と醢《しおから》と醴《にごりざけ》または新酒を供えた。このときの食器はまだ生前の吉礼のものを用いる。ついで堂に帷《とばり》をめぐらせる。『礼記』「檀弓」に附された鄭玄の注に「鬼神は幽闇に処《お》る」とある。(29) 死者の霊魂がなお幽冥の境にあるため、部屋から出て戸外へ脱するのを恐れたのであろう。鄭玄は後漢の人だから、二世紀ごろの見解ということになる。のちに位牌を布で包むようになるときこの説明がくりかえされた。後述したい。

以上が臨終前後の当座の行事である。これがすむと葬儀の初日に、まず人を遣わして主君に死亡を報告させる。主君は通知を受けると臣下を弔問に差し向けて衣服を贈る。これを襚という。贈られた衣は遺体を着飾るときに用いる。

ついで銘が用意される。これは後世の位牌につながっていくものである。『礼記』「檀弓」に言う。(30)

銘明旌也。以死者爲不可別已。故以其旌識之。愛之斯錄之矣。敬之斯盡其道焉耳。

（銘とは［故人を］明らかにするための旗である。そうしないと死者の身が識別できないからである。だから銘の旗を立てて明らかにするのだ。故人を愛慕してこれを書き記し、故人を敬い心を尽くすのである。）

ここには「銘は明旌なり。死者を以て別つ可からずと為すのみ。故に其の旌を以て之を識《しる》す。之を愛して斯に之を録し、之を敬して斯に其の道を尽すのみ」とある。銘とは故人を知らしめる旗だという。故人を哀惜するがゆえに衷心よりこれをととのえる。

銘を明旌とするのは、銘と明の音が同じであることに根拠を置いている。こうした音通にもとづく語源解釈法を音義説と呼ぶ。とりわけ漢代に流行した。のちに許慎の『説文』において多用され、劉熙の『釈名』において徹底された方法である。

銘の作り方は『儀礼』「士喪礼」に記してある。次のように言う[31]。

爲銘。各以其物。亡則以緇長半幅。經末。長終幅。廣三寸。書銘于末。曰某氏某之柩。竹杠長三尺。置于西階上。

（銘を作るには、それぞれ［生前に用いていた］旗を用いる。［故人の位が低くて旗が］なければ黒い帛《きぬ》を用いる。長さは半幅すなわち一尺とする。その下に赤い帛を縫いつける。長さは一幅すなわち二尺、広さは三寸とする。そこに「某氏某の柩」と銘を記す。これを長さ三尺の竹竿につけて［堂の］西側の階段の上に立てておく。）

ここには「銘を為《つく》るに各の其の物を以てす。亡《な》くば則ち緇を以てす。長さ半幅。末を經《あか》くす。長さ終幅、廣さ三寸。銘を末に書し、某氏某の柩と曰う。竹の杠《さお》長三尺、西階の上に置く」とある。長さ三尺、広さ三寸の黒い布を用意し、下二尺分を赤く染めて故人の名を記す。これを長さ三尺の竹竿に取りつけ、建物西側の階段の上に立てておくという。

銘なる旗はただ故人の名を記すことだけを目的としてはいない。肉体から遊離してさまよっている霊魂を招き寄せ、依りつかせるための依代であった。このことは喪礼が進行していくなかで、銘が別のものに受け継がれていくその経過から明らかとなるであろう。

竿に垂れぎぬの旗をつけた形象が㫃であり、これをかかげて出遊することを表す文字が斿である。斿は遊の初形で、本義は神の出遊をいう。[32] 姿なき神は竿にはためく旗に宿る。旗をかかげるのは氏族の神がともにあることを示すためだった。のちに銘が別のものに受け継がれたとき、同じ行動原理が働くのを見ることができよう。

銘はその機能において、日本の祭礼で用いる幣帛に類似する。折口信夫は大正四年（一九一五）に『郷土研究』誌に論文「髯籠《ひげこ》の話」を発表した。髯籠は祭の山車の上にひるがえる飾りだが、これは神が降りたもう目印であるという。神にとっては依代《よりしろ》であり、人にとっては招代《おぎしろ》にほかならない。[33] こうした観念が祭事に用いるさまざまな事物のなかに見いだされていく。大正七年（一九一八）に『土俗と伝説』誌に論文「幣束から旗さし物へ」が発表される。神社の幣帛から葬式の花籠、盂蘭盆の灯籠、五月の節句の幟、さらには武家の旗指物や火消しの纏にいたるまで、その起源を神の依代に求めたのである。

折口は『常陸国風土記』逸文に記された黒坂命の葬送のくだりを引いて言う。「死人の魂の発散を防ぐ為、ある時期の間は、殯《モガリ》に、野送りに、墓の上に、常べつたりの招魂の道具として、くさぐさの染め木綿の幡を立てたのである」と。なぜかといえば、「神の純化が遂げられてゐなかつた頃の人々は、目に見えぬ力として、現《ウツ》し世《ヨ》の姿を消した人の霊をも、神と一列に幡もて、招《ヲ》ぎよすべきものと信じた」からだという(34)。

『常陸国風土記』逸文は次のように言う。「輪轜《はふり》の車、黒前の山より発《い》でて、日高見の国に到り、葬具儀《はふりつもの》の赤旗と青幡と交雑《まじわ》り飄颺《ひるがえ》りて雲を飛ばして虹を張り、野を瑩《てら》し路を輝かしき」と(35)。葬列の車は黒前の山から出発して日高見の国にいたった。赤い旗と青い幡がこもごもひるがえり、雲を湧かせ虹を架けるごとく野を照らし道を輝かせたという。色あざやかな旗をうち立て壮麗に送りゆくさまがうかがえる。そのようすは『大宝令』「喪葬令」や六国史に記された皇族や貴族の葬列でもくりかえされた。今も地域によっては変わりないほどである(36)。仏式の葬儀になったとはいえ、内実は古くから行なわれてきた葬りの習俗そのままと言ってよい。

葬列に掲げる竿やそこにはためく布や紙は、いずれも霊の依代に溯源できるものばかりである。亡くなって間もない人の霊魂は遺体の近くに頼りなくさまよっている。しっかりと何かに依りつかせて墓場まで運ばねばならない。無事に葬り終わるまで離脱しないようにさまざまな依代をかかげておくのである(37)。

魂込《まぶいごめ》と称して紙を貼った笠を天井から吊す習俗が伝わる(38)。遺体の上に蚊帳を吊るのも各地に見られる。葬家の門口に笹の葉や藁を束ねておき、葬列といっしょに墓まで持っていく。肉体から離れた霊魂をなおも近くにとどめておくため、葬列にはさまざまな依代が棺の前後に連なった。枕元に立てておいた一本花は葬列の先に立つ(39)。そうした依代のうちの最たるものが位牌となる。これは順を追って述べていきたい。

四　銘から重へ

霊魂を依りつかせる衣服のことはすでに述べた。それは身につけるものだが、西階に立てる銘もまた、霊魂を依りつかせるために設けられた。以後の儀式のなかで重がこれに代わっていく。

重に先だって遺体の沐浴が行なわれる。『儀礼』「士喪礼」によれば、かまどで煮た米のとぎ汁で髪を洗ってくしけずる。湯浴みをさせて浴衣でぬぐう。爪を切り、髭をなでつける。髪をたばねて笄《こうがい》を挿し、肌着を着せる。暑い季節であれば氷を入れた器を遺体の下に置く(40)。以上は日本の湯灌がそれに相当しよう。

沐浴が終わると、遺体の顔に布をかぶせ、口に入れておいた匙をはずす。それから湯浴みのときにといだ米と貝を口に含ませる。これを飯含という(41)。含むものは身分によって差がある。以上は大夫士の場合である。

山東省の双乳山で前漢時代の済北王陵が発見された。出土した遺物のなかに玉口琀と呼ばれる飯含用の玉があった。蟬の形をしているので玉蟬ともいう。蟬が殻を破って再生するさまから、これを含ませて再生を願ったのか。

つづいて遺体を正装させる。これを襲という。まず冠の代わりに練絹でこしらえた掩を頭にかぶせる。白い綿でこしらえた瑱で耳をふさぎ、緇《くろぎぬ》の幎目で顔を覆う。それから屨《くつ》をはかせ、組紐を結んで両足が開かないようにする。褖衣と皮弁服と爵弁服の三称《かさね》一揃の衣装を、左袵すなわち左前にして着せる。革の膝掛けと帯をつけ、竹の笏を帯にはさむ。弓を射るとき右手の親指にはめる決をつけ、帛でこしらえた握で両手の掌を覆う。こうして生前同様の姿をとらせるのである。ただし衣は左前にする。この習俗は今も日本で行なわれている。地方によっては左胸と呼ぶ。先例はすでにここに見られた。葬礼の所作は日常とはたがえて逆さにするという意識が働くのだろう。最後に冒という布で遺体を包み、主君から贈られた衣をかける[42]。

これが終わると庭に重を立てる。遺体は冒で包まれているから、故人の顔はもはや見ることができない。そこでまた霊魂を依らせるために設けるのが重である。

重の作り方は『儀礼』「士喪礼」に記してある。次のように言う[43]。

重木刊鑿之。甸人置重于中庭。參分庭一在南。夏祝鬻餘飯。用二鬲西牆下。冪用疏布久之。繫用靲。縣于重。冪用葦席北面左衽。帯用靲。賀之結于後。祝取銘置于重。

（重は木で作り、これを削って［鬲を懸ける穴を］穿つ。甸人が［南北に］三分した南三分の一のところに重を据える。夏祝がふたつの鬲を用いて西牆の下で飯米のあまりを煮る。［煮あがると］荒布で鬲の口を覆いふさぎ、竹の表皮でつないで重に懸ける。葦の蓆《むしろ》で［重と鬲とを］覆い、北面させて左前になるようにし、竹の表皮で編んだ帯をめぐらせ、重のうしろで結ぶ。祝人が［西階の上にあった］銘を取って重に立てかける。)

ここには「重は木をして之を刊《けず》り鑿《うが》つ。甸人は重を中庭に置くに、庭を参分して一の南に在りとす。夏祝は余飯を鬻《に》るに、二鬲を用いて西牆の下に于《お》てす。冪《おお》うに疏布を用いて之を久《ふさ》ぎ、繫ぐに軨を用いて重に県《か》く。冪うに葦席を用いて北に面し衽を左にす。帯するに軨を用いて之に賀《くわ》え後ろに結ぶ。祝は銘を取りて重に置く」とある。

重は木を削って作り、鬲と呼ばれる三つ足の容器を掛けるための穴をうがつ。天子の重は長さ九尺、諸侯は七尺、大夫は五尺、士は三尺と注に言う。庭を南北に三等分して南寄りに重を据える。鬲をふたつ用いて飯含に使った米のあまりで粥《かゆ》を煮る。粥ができると、竹の表皮で編んだ縄で鬲を重に掛ける。それから重と鬲を葦の蓆で覆い、左前に重ね合わせる。死者の左衽にかたどらせ、上から竹縄で帯を掛ける。そうして西階の上にあった銘を取ってきて重に立て掛けるという。

重については『後漢書』「礼儀志」にも記述がある。すなわち「木を以て重を為す。高さ九尺、広さ八歴を容る。裹《つつ》むに葦席を以てす。巾門喪帳は皆な簟を以てす」とある。[44] 高さ九尺とあるのは天子の重だからである。横幅は八つの鬲を掛けるに十分なほどにするという。『儀礼』の記述と同じく葦の蓆で重と鬲を覆うとある。さらに巾門すなわち仮の門と、喪帳すなわち帷《とばり》を竹で編んで作るともいう。ここでは鬲を「歴」と記している。鬲の数については「士喪礼」に附された鄭玄の注に、「士が二鬲ならば則ち大夫は四、諸侯は六、天子は八」とある。[45] 先ほど出てきた重の長さはこの鬲の数に対応する。

こうして銘と重とが並び、ともに霊魂の依るところとなった。その日の夜、庭にかがり火が焚かれる。「士喪礼」に附された「記」には「襲し既《お》われば、宵に燎《かがりび》を中庭に為《つく》る」とある。[46] 霊魂が迷うことのないように照らすのか。

『三国志』魏書「東夷伝」によれば、高句麗の東海岸、現在の北朝鮮平安南道のあたりに東沃沮という国があった。人が亡くなると木を削って生前の姿にかたどり、亡くなった人の数だけ像を作る。土の器に米を入れ、紐で縛って墓室の入口あたりにさげておくという。[47] 重との類似が注目されよう。

重を設けたあと、さらに遺体に葬衣を着せる。これを斂という。二日目に小斂、三日目に大斂が行なわれる。

小斂では十九称の斂衣がほどこされる。[48] 衣と裳をあわせて称とした。すべて着せるわけではない。楹と呼ばれる東西の柱のあいだに遺体を移す。前述の牀の寝台と笫の寝床をそのまま移動させた。堂にめぐらしていた帷を撤去する。喪主と夫人はもはや故人の顔を見ることができない。そこで哀悼の踊を行なう。[49] 踊は悲しみのあまり雀の跳ねるごとく匍匐することである。かがり火が夜通し焚かれる。[50]

三日目の朝、大斂の衣三十称をならべる。[51] 遺体を牀笫から阼階の上に移し、大斂が行なわれる。[52] 前述のとおり阼階は主人が用いた。故人はなお主人として遇せられている。大斂が没後三日目になるのはなぜか。『礼記』「問喪」は次のように言う。[53]

或問曰。死三日而后斂者。何也。曰孝子親死。悲哀志懣。故匍匐而哭之。若將復生然。安可得奪而斂之也。故曰三日而后斂者。以俟其生也。三日而不生。亦不生矣。孝子之心亦益衰矣。家室之計。衣服之具。亦可以成矣。親戚之遠者。亦可以至矣。是故聖人。爲之斷決。以三日爲之禮制也。

（ある人が問うた。死んで三日後に斂を行なうのはなぜかと。答えて言う。親が亡くなって子は悲しみのあまり心はもだえ、這いまわって大声で泣く。まるで親が生き返るものと信じているようである。それなのにどうしてこれを引き離して斂を行なうことができるというのか。三日後に斂を行なうのは、それまでに生き返るのを期待するからである。三日たっても無理ならばもう生き返ることはない。子の心はいよいよ沈みきる。また三日待つあいだには家の費用や衣服の準備もでき、遠くにいる親戚も駆けつけられる。ここから聖人は判断をくだし、三日目に大斂の礼を定めたのである。）

問いに「死して三日にして后《のち》に斂するは何ぞやと」とある。答えていわく、「孝子は親死すれば、悲哀して志懣《こころもだ》ゆ。故に匍匐して之を哭し、将に復た生きんとするが若く然す。安《いずく》んぞ奪いて之を斂するを得可けんや。故に曰く、三日にして后に斂するは、以て其の生きんことを俟つなり。三日にして生きざれば、亦た生きず」と。子は親が生き返ってくれるものと思いつづけている。それを引き離すのは忍びないという。それでも三日たてばもはやそれを受け入れていくしかなかろう。

ここにはまた実際上の配慮も記されている。すなわち「家室の計、衣服の具え、亦た以て成すべし。親戚の遠き者も、亦た以て至る可し」とある。それもこれも勘案して、「是の故に聖人、之が為に断決し、三日を以て之が礼制と為す」としたのである。

大斂が終わると遺体が柩に納められる。これを殯という。柩はあらかじめ西階の上にうがった肂《あな》に据えてある。遺体の頭を南向きにして納め、柩の蓋を閉じる。木を組んでこれを覆い、泥で塗り固める。それまで重のところに置いてあった銘を柩の東側に移す(54)。この間、重はずっと庭に立てられている。

殯が終わると遺族は本式に喪に服すことになる。喪主は木を寄せて造った倚廬に起居する。藁で編んだ苫《とま》に寝て、塊《つちくれ》を枕とする。この日まで食を絶っていたが、ようやく粗食が許される。米ひとにぎりの粥をすすり、野菜や果物は摂らない。歩くに杖を用い、乗るに粗末な木車を用いる(55)。朝と夕に哭する。その作法は近親の度合いに応じて煩瑣に規定されている(56)。これを埋葬の日までつづけていく。

喪中にある者が故人の供養に専念することは日本でも行なわれてきた。喪屋《もや》あるいは忌屋《いみや》を設け、世間と交渉を絶って暮らす習俗がかつて行なわれた。墓地のかたわらに掘立小屋を造り、数日そこに籠もる。七日間というのもあれば四十九日というのもある。なかには百日をこえる場合もある。食物は親類縁者が運んでくる。そのあいだは他人の家はもとより自分の家にも入ることができない(57)。日本では孝心よりもむしろ忌みの観念が優先したとされる。

天子は崩じてのち七箇月で葬る。諸侯は薨じてのち五箇月で葬る。大夫士は卒してのち三箇月で葬る。葬るまでのあいだに墓地を占う。[58] 柩を納める椁を用意し、遺体に副葬する品物を調える。[59] そのうえで葬る日取りを占っておく。[60]

五 葬列を見送る依代

『儀礼』「士喪礼」の記事は、臨終の所作にはじまって葬祭日の卜占で終わる。これは殯を中心とした遺体処置の儀式である。第一次の葬礼にあたると言ってよい。その後「既夕礼」の記事がつづく。これは葬送を中心とした第二次の葬礼である。既夕とはそれまで反復された夕哭の礼がようやく既《お》わることを意味する。このとき柩を納めていた殯宮が啓《ひら》かれる。これを啓殯という。[61]ついで柩を遷《うつ》して祖先の廟に朝する。これを朝祖という。朝とは参内することである。故人が生前つねに祖廟に朝していたごとく、埋葬にあたって最後の告別に朝するのである。そのために殯宮を啓き、柩を移動させる。「既夕礼」に言う。[62]

遷于祖用軸。重先奠從。燭從柩從。燭從主人從。升自西階。奠俟于下。東面北上。主人從升。婦人升東面。衆主人東卽位。正柩于兩楹閒。用夷牀。主人柩東西面。置重如初。

〔柩を〕祖廟に移すのに軸を用いて運ぶ。重が先立ち、ついで奠がしたがい、燭がしたがい、柩がしたがい、燭がしたがい、主人がしたがい、西階から昇る。奠は〔西階の〕下に待ち、東面して北を上とする。主人が〔柩に〕したがって昇り、夫人が昇り東面する。衆主人は東の位置につく。柩を東西両楹の間に正しく置くのに夷牀を用いる。主人は柩の東に行って西面する。重を最初のときのように〔庭を三分して南寄りに〕置く。）

ここには「祖に遷すに軸を用う。重先んじ奠従い、燭従い柩従い、燭従い主人従う。西階より升る。奠下に俟ち、東面して北を上とす。主人従いて升り、婦人升りて東面す。衆主人東して位に即く。柩を両楹の間に正すに、夷牀を用う。主人柩の東に西面す。重を置くこと初めの如くす」とある。

祖廟に向けて列をなすその先頭に立つのは重である。故人の霊魂がそこに依りついているからである。供え物である奠が後続し、奠と柩を照らすための燭が後続する。ついで柩が後続し、また燭が後続し、次に喪主が後続する。喪主は子としての分を守って西階から昇り、ついで夫人が昇る。柩を東西の柱のあいだに置く。喪主は柩の東に坐って西を向き、夫人は柩の西に坐って東を向く。朝祖が終わると重は庭のなかほど南寄りの場所にもどされた。

柩は一日に一廟に朝する。天子は七廟、諸侯は五廟、大夫は三廟あるから、身分に応じてそれだけの日数を要することになる。(63)

それから葬送の準備として車と馬をならべる。これを薦車馬という。「既夕礼」に附された「記」

によれば、柩を墓地まで運ぶ柩車のほかに三輌の車を用意するという。一は乗車である。朝廷へ出仕するときの略装である皮弁の服を載せる。二は道車である。正装である朝服を載せる。三は稾車である。雨に備えて蓑や笠を載せる。(64)それぞれに生前の衣服を載せていった。

出発に先立ち、庭で酒をくみかわす祖《おくり》の礼を行なう。柩を西階から降ろして柩車に載せ、飾りをほどこす。(65)そのさまは壮麗である。ついで副葬する明器と葬具をととのえる。(66)上述のとおり祖廟に参内する日数は身分によって異なるが、以上の儀式が葬送前日までに行なわれる。そしてその日も暮れようとするころ、別れの供えが設けられる。これを祖奠という。「既夕礼」に言う。(67)

徹奠。巾席俟于西方。主人要節而踊袒。商祝御柩。乃祖。踊襲。少南當前束。婦人降。卽位于階間。祖還車。不還器。祝取銘置于茵。二人還重左還。布席。乃奠如初。

(〔朝祖の〕奠を徹する。〔祖奠に用いる〕巾と席とは西方に待つ。喪主はその節目をうかがって踊り、〔踊り終わると〕肌脱ぐ。商祝が柩車の指揮をとり、出発の礼を行なう。喪主はふたたび踊り、そこで衣を重ねて、柩の前束のやや南寄りに立つ。婦人は堂から降り、階のあいだの〔車の後ろの〕位置につく。祖の礼についで車を〔南向きになるように右に〕めぐらすが、器はそのままにする。祝が銘を取って茵の上に置く。別の二人が重を〔南向きになるように〕左にめぐらす。席を敷いて初めの〔朝祖のときの〕ように供え物を設ける。)

ここには「奠を徹す。巾席は西方に俟つ。主人は節を要して踊し袒す。商祝は柩を御す。乃ち祖す。踊し襲ねて、少《わず》かに南して前束に当たる。婦人は降り、位に階間に即く。祖して車を還すも器を還さず。祝は銘を取り茵に置く。二人は重を還すに左に還す。席を布き、乃ち奠すること初めの如くす」とある。

まず朝祖のおりに設けられた奠を撤去する。喪主は踊り、踊り終わって肌脱ぐ。柩車を指揮する御者は出発の礼を行なう。このとき柩の下に敷きつめる茵《しとね》の上に銘が置かれる。北向きになっていた柩車を右へめぐらして南向きにし、同じく北向きになっていた重を左へめぐらして南向きにする。それから朝祖のときのように祖奠を設けた。

それまでともにあった重と銘がここで分離する。重はなおも故人の宅に留め置かれるが、銘は柩に添って、すなわち故人とともに葬列にしたがうことになる。

祖奠が終わると賓客は退出し、喪主はこれを送る。すべての準備をととのえ、柩の出発を翌日にひかえ、あらためて哭す。夜になるとまたかがり火が焚かれる。

葬儀の日の早朝、最後の奠が設けられる。これを大遣奠という。殯のときの大斂の奠に対応して盛大に行なわれる。(68)

出棺に先立ち、柩に向かって諡《おくりな》を贈る儀式が行なわれた。これは『儀礼』に記述がない。『後漢書』「礼儀志」には「太祝令は跪きて諡策を読み、太尉は再拝し稽首す」とある。諡策は先帝の諡とそれを定めるにいたった経緯を記す木の札である。太祝令がこれを読みあげる。これは南郊で行なわれた。冬至の日に天を祭る儀式を行なう場所である。それから太尉が謚策をたずさえて宮殿にもどる。それから「東面して謚策を奉じ、太史令は哀策を奉じ後に立つ」とある。哀策は先帝の生前における治績を讃える文言を書いた木の札である。つづいて「太尉は謚策を読み、金匱に蔵《おさ》む。皇帝次科は廟に蔵む。太史は哀策葦篋を奉じて陵に詣る」とある。(69)金匱は策書などの秘書を入れる金属製の箱である。これに謚策を入れて宗廟に納める。(70)皇帝次科は謚策と哀策の副本である。これも宗廟に納める。葦篋は葦で作った箱である。これに哀策を入れて陵墓に納めるという。

謚を贈られるのは天子だけではない。『通典』によれば諸侯も謚を贈られた。(71)なお『後漢書』の記述ではこの儀式は祖奠の直後に行なわれることになっている。『儀礼』によれば祖奠は葬送の前夜であり、出棺当日の朝は大遣奠が行なわれるが、漢代にはもはやこの区別はなかった。(72)謚は生前の功を讃えて贈られる称号である。戒名とは異なるが、生前とは別の名がこのときあたえられることに注意したい。

ようよう葬列が組まれ、墓所に向けて粛々たる行進がはじまる。そのときまず重を門の外に出して、門の東側に立て掛けておく。(73)あたかも重がそこに立って、出て行く主人を見送るかのようである。

ついで馬を進める。銘を先頭に、墓に埋葬する明器を手にした人々が順に門を出る。すなわち茵・折・杭木・杭席などの葬具、葦の包みである苞・筲《めしびつ》・罋《もたい》などの食器、弓矢・耒耜などの用器、琴瑟・甲冑などの役器である。列挙された明器の数はすこぶる多い。天子の葬儀となるとその数量はまた格段である。詳細は『後漢書』「礼儀志」に記されている。[74] 副葬品の厖大さは古代王朝の特徴といえよう。[75] 衣服を載せた三輌の車はこれらの器物が続々と出ていくのを待機し、出終わってからこれにつづく。乗車・道車・槀車の順に門を出る。車ごとに馬二頭が前を行く。

葬儀に際して君主から賜った車馬衣服などの贈り物がある。これを賵という。また賓客から贈られるとむらいの金品がある、これを賻という。いわば香奠である。柩車の出発に先だって、賵と賻の品目が読みあげられる。[76] 故人の霊にそのひとつひとつを報じ、喪主もその栄誉に浴する。弔電披露のごとくである。

最後の柩車が出発するまでに、また多くの作法がくりかえされていく。そのときどきに喪主は踊り哭する。かぎりないほどそれをくりかえし、なおまた踊り哭する。

功布と呼ぶ白旗に導かれ、柩車が門を出る。[77] 紼《ひきつな》をとる者、披《ひきて》をとる者がこれを引いていく。日本でも葬列のときに棺の前方に白布を伸ばし、近親者が引いて先導する。これを善の綱、あるいは縁の綱と呼んでいる。綱の先端を導師が持つ場合があり、結縁のためと説明される。しかしこうした習俗はもともと仏教とかかわりなく存在していた。

『礼記』「雑記」によれば、士の葬儀でも天子のそれと共通することが三つある。すなわち「其の終夜燎し、及び人に乗し、道を専らにして行く」とある。[78] 埋葬の前に夜通し庭で火を焚く。葬列に際して人々に柩車の綱を引かせる。そのとき道路を専用してさしつかえない。これらは身分によって礼の区別が厳密となる以前の古い習俗とされる。[79] いずれも今なお日本各地でくりかえされている。

葬列の先頭には方相氏が立った。いにしえの神に扮して黄金作りの四つの目をつけ、戈と盾を手にした姿である。『後漢書』「礼儀志」に「方相氏、黄金の四目、熊皮を蒙り、玄《くろ》き衣、朱《あか》き裳にして、戈を執り盾を掲げ、四馬に立乗して先駆す」とある。(80)葬列が墓所に到着すると、まず方相氏が先に墓壙に入って戈を振るい、四方の邪気を祓った。『周礼』「夏官司馬」方相氏の条に「大喪に柩に先だち、墓に及んで壙に入り、戈を以て四隅を撃ち、方良を敺《お》う」とある。(81)

この伝統を受けて古代の日本でも葬列の品々の劈頭に方相氏の装具が用意された。『養老令』「喪葬令」によれば、親王一品に「方相轜車一具」を支給したという。(82)轜車とは棺を載せる喪屋を車に仕立てた古代の霊柩車である。同じものが太政大臣にも支給された。『養老令』「喪葬令」は唐代の喪葬令を継承したとされる。(83)

ついで明器を羨道の両脇にならべる。柩の下に敷きつめる茵を墓壙に入れ、紼《ひつぎなわ》をつけて柩を降ろす。喪主は踊り哭する。それから明器を墓壙に蔵する。用器と役器を柩の左右に置き、上に食器を置く。その上に葬具を加え、土を充たすこと三たびにおよぶとある。(84)銘についてはこれ以降「既夕礼」に記述がない。このとき柩とともに埋めたにちがいない。

埋葬を終えたあと、三輛の車で運んできた生前の衣服を柩車に載せかえる。「既夕礼」に附された「記」には「服を斂《おさ》めてこれを載す」とある。(85)なぜかというに、『礼記』「問喪」に「形を送りて往き、精を迎えて反《かえ》る」がゆえとある。(86)すなわち故人の遺骸を送り、霊魂を迎えとって帰還するためだという。霊魂が依りついているので、この車は魂車とも呼ばれた。これからながらく祖廟で行なわれていく祭祀に備え、衣服に依りつかせた霊魂を連れ帰るのである[87]。こうして喪主は故人の霊魂とともに墓所から家にもどる。そして祖廟にいたって哭する。

以上で葬送を中心とした第二次の葬礼が終了する。それから場所を替え、葬り終わった故人を祀る儀式が行なわれる。次章でたどるとおり、これはきわめて長期にわたる儀式となる。そしてここにふたたび位牌の原型ともいうべきものが登場する。

これまでも位牌につながるものはいくたびか登場した。それは作られては消え、そしてまた作られるものであった。すでに銘は目の前から消えている。重はなおも葬儀の場にある。やがて重も姿を消すであろう。そしてそれに代わるものが作られる。こうした何度もの作り替えをへて、先祖の霊魂を祀るものが確定していくのである。

第三章　儒教の葬送儀礼（下）

一　尸への憑依

これより『儀礼』は葬送後の祭祀にかかわる「士虞礼」に進む。「虞」は神霊をやすらかにする意である。後漢の劉熙の『釈名』「釈喪制」に「葬り既《お》わり、還りて殯宮に祭るを虞と曰う。虞は楽《やす》らかに神を安んじ、此に還らしむるを謂う」とある。[1] 楽には「やすらか」の意がある。安楽を言う。楽の漢音は「ゴウ」である。虞《グ》と同じ音ではない。しかし近い。これまた音通による解釈である。劉熙は『説文』の音義説をさらに徹底させた人である。牽強にはちがいないが、当時の人はそのように文字を解釈し、そのように了解したのである。

葬送の儀式がとどこおりなく終了したのち、故人の霊魂をやすらかにするために虞祭が行なわれる。その回数は天子は九回、諸侯は七回、大夫は五回、士は三回と定められている。(2)「士虞礼」に附された「記」に「始虞は柔日を用う」とある。(3)十干のうち甲丙戊庚壬を陽に配して剛日とし、乙丁己辛癸を陰に配して柔日とする。虞祭は安穏を求めるところから陰静の日である柔日に定めた。虞祭を終えるときは、故人の霊魂がすでに祖廟にやすんじているから陽動の日である剛日に定めた。これを暦にあてはめていけば、天子は十六日、諸侯は十二日、大夫は八日、士は四日を要することになる。(4)

虞祭では新たに主人となった喪主が故人の霊魂を祀るにあたり、故人の孫を選んでその「かたしろ」に迎える。これを尸という。尸は屍の初形であり、死体の横たわる姿を表している。(5)本来は「しかばね」を意味する。ところが『礼記』「郊特牲」には「尸は神象なり」とある。(6)神霊を象《かたど》るものだという。「士虞礼」の鄭玄の注に「尸は主なり。孝子の祭るや、親の形象を見ざれば、心は繫《かか》る所無し。尸を立てて主の意とす」とある。(7)子が親を祀るのに、もはやその姿かたちを見ることがかなわない。これでは心をひそめることができない。そこで尸を立てたという。「士虞礼」に附された「記」に「尸は卒せる者の上服を服す」とある。(8)故人の服で正装し、故人そのものとなった尸を招いて饗宴がはじまる。「士虞礼」に言う。(9)

祝迎尸。一人衰経奉篚。哭従尸。尸入門。丈夫踊。婦人踊。淳尸盥。宗人授巾。尸及階。祝延尸。尸升。宗人詔踊如初。尸入戸。踊如初。哭止。婦人入于房。主人及祝拝妥尸。尸拝。遂坐。

（祝は尸を迎える。一人が衰経をまとい篚《はこ》を持ち、哭しながら尸にしたがう。尸は門に入る。主人が踊り、夫人が踊る。［執事が］尸に水をそそいで手を洗わせ、宗人が手ぬぐいをわたす。尸が階下に来ると、祝は尸を進めて昇らせる。最初のときのように宗人が皆に踊を告げる。尸が戸から入室すると、最初のときのように［主人と夫人が］踊る。哭を止め、夫人は房に入る。主人と祝は尸を拝してやすんずるよう勧める。尸は答拝して、それから坐る。）

ここには「祝は尸を迎う。一人は衰経して篚を奉じ、哭して尸に従う。尸は門に入る。丈夫は踊し、婦人は踊す。尸に淳《そそ》ぎ盥《かん》せしめ、宗人は巾を授く。尸が階に及べば、祝は尸を延《すす》め、尸は升《のぼ》る。宗人は踊を詔《つ》ぐること初めの如くす。尸は戸に入れば、踊すること初めの如くにす。哭止む。婦人は房に入る。主人及び祝は拝して尸を妥《やす》んず。尸は拝し、遂に坐す」とある。

主人の兄弟が衰経という喪服をまとい、哭しながら尸にしたがってくる。祝がこれを出迎える。尸が門から入ってくると、主人と夫人は悲しみの情を表して踊る。虞祭を補佐する者が水を注いで尸の手を洗う。つづいて尸が堂上にあがると、一堂に踊ることを告げる。尸につかえる儀式がはじまるので哭をやめ、主人は尸を拝して坐るよう勧める。尸はこれに応えて坐るという。

祝は『礼記』「郊特牲」に「命を将《おこな》うもの」とある。(10)辞命すなわち祝詞をつかさどる職能者である。

女性を巫といい男性を祝という。あわせて巫祝という。『儀礼』には夏祝と商祝の名が見える。鄭玄の注に「祝の夏礼を習うもの」とあり、また「祝の商礼を習うもの」とある。(11)夏王朝と商王朝すなわち殷の儀礼に通じる者をいう。喪礼に従事するため巫祝のうちでも卑賤に属する。後述する儒はもと巫祝の最下層に位置した。

尸が着座すると、祝が饗宴の祝詞を述べる。主人は尸を拝し、三たび食を勧める。尸が三たび食する。また三たび勧め、三たび食し、さらに三たび勧め、三たび食する。これを九飯という。(12)ついで主人は酒を爵という器に酌んで尸に勧める。尸は爵を受け、酒をたたえてこれを飲む。祝が爵に酌んで尸に授け、尸がそれを主人に報いる。主人は拝して爵を受け、酒をたたえてこれを飲む。(13)こうして主人から尸へ、尸から主人へと献酬がくりかえされる。つづいて夫人が同じように尸に献じる。(14)つづいて賓客の長が三たび同じように尸に献じる。(15)

やがて宴が果てて尸が退出すると、祝は儀式の完了を主人に告げる。主人は哭し、夫人も哭する。祝が尸を導いて門を出る。主人は夫人とともに踊り哭する。(16)

以上で一回の虞祭が終わる。上述のとおりその回数は身分に応じて差がある。士であればこれを三回くりかえして四日におよぶ。そのあと卒哭の礼が行なわれる。これまで随時に行なってきた哭を卒《お》え、朝夕の哭のみとする。「士虞礼」に附された「記」に「卒哭は他に剛日を用う」とある。(17)虞祭の最終日は剛日であるから、その翌々日となる。さらにその翌日、ふたたび尸を招いて祔祭が行なわれる。故人の霊魂を祖廟に合わせ祀るための儀式である。『礼記』「檀弓」に言う。(18)

卒哭曰成事。是日也。以吉祭易喪祭。明日祔于祖父。其變而之吉祭也。比至於祔。必於是日也接。不忍一日末有所歸也。

（卒哭のとき祝詞に成事という。この日より吉祭をもって喪祭に替えるからである。翌日、父の霊魂を祖父の廟に合わせ祀る。このように吉祭へ替えるにあたり、卒哭の翌日すぐに合わせ祀るのは、一日たりともいまだ霊魂にもどってくるところがないのは忍びないからである。）

ここには「卒哭に成事と曰う。是の日や、吉祭を以て喪祭に易《か》う。明日祖父に祔す。其の変じて吉祭に之《ゆ》くや、祔に至る比《ころ》、必ず是の日に於て接す。一日も未だ帰する所有らざるを忍びず」とある。卒哭からは喪祭ではなく吉祭に替わる。このとき凶礼が吉礼に転じた。日をあけず翌日に祔祭を行なうのは、たとえ一日でも霊魂に落ち着くところがないのを憂慮するからである。

なぜ尸を立てるのか。

『礼記』「曾子問」のなかで、曾子が孔子に問うた。「祭るに必ず尸有るか」と。孔子は答えた。「成喪を祭るに必ず尸有り、尸は必ず孫を以てす。孫幼ければ則ち人をして之を抱かしむ」と。(19) 尸の必要を問うた曾子に対し、孔子は成人の霊魂を祀るにはつねに尸を立てるべきだとした。その際に尸には孫をあてる。孫が幼ければ誰かが抱いてこれを尸とせよという。つづけて言うには、もし孫がいなければ同姓の親族から選んでよい。成人に達する前に亡くなった人の場合には尸を立てずに祀る。これを厭祭という。尸が立たないとすれば、それは故人が夭折した場合と見てよい。

なぜ故人の孫を尸とするのか。

『礼記』「曲礼」に「君子は孫を抱きて子を抱かず。此れ孫を以て王父の尸たる可く、子は以て父の尸たる可からざるを言う」とある。[20] 君子たる者は孫は抱くけれど子を抱いたりしない。だから孫は祖父の尸になれるが、子は父の尸になれないというのである。子に対しては情愛よりも訓育を重んじたのは、儒家的な教育方針には相違ない。しかしこの説明は孫を尸とした事実に理屈をつけただけのように思える。

祀られる者の嗣子は喪主であるから尸になれない。尸が故人のかたしろである以上、故人のおもかげを宿していることはやはり求められたろう。『魏書』「高允伝」に北魏の皇帝に漢化政策を進言した文章がある。そのなかで南北朝時代の鮮卑族には「貌の類する者を求め」故人のごとく仕える習俗があったと伝えている。[21]

尸を立てる理由として、祖先崇拝のもっとも原始的な形態である髑髏崇拝がそこにかかわるとする説がある。はるかな昔には魌頭すなわち頭蓋骨をもって死者を祀ったという。ややくだっては魌頭をかたどる籠をかぶった生者をかたしろに立てた。のちには容貌の類似する親族に故人の服を着せて尸にしたと考えられている。[22]

『礼記』「礼器」によれば、尸を立てる習俗は夏王朝からすでにあった。「夏は造《な》し、殷は因《よ》る。周は尸を坐《す》える」とある。[23] 夏の時代にはじまる礼を殷の時代に改めた。そのため周では尸は坐って祭祀を受けたという。『礼記』「郊特牲」に「古は尸、事なければ則ち立ち、事有りて后《のち》に坐すなり」

とあるのは、おそらくそれを説明したものであろう[24]。夏では饗応がなく尸は立ったままであった。殷から饗応が加わって坐ることになったというのである。同じく「郊特牲」言う[25]。

詔祝於室。坐尸於堂。用牲於庭。升首於室。（中略）不知神之所在。於彼乎。於此乎。或諸遠人乎。祭于祊。尚曰。求諸遠者與。（中略）祭祀之相。主人自致其敬。盡其嘉。而無與讓也。腥肆爓腍祭。豈知神之所饗也。主人自盡其敬而已矣。擧斝角。詔妥尸。

（祝が室で祝詞を告げ、主人は堂上で尸に坐を勧める。庭では犠牲を屠《ほふ》り、その頭を室に運んで供える。（中略）神霊はどこに留まっておられるかわからない。あちらかこちらか、それとも人から遠く離れた所なのかたずねるばかりである。廟門で祀るとき祈って言う。「今は遠い彼方に居られるのでしょうか」と。（中略）尸に仕える役目の者が食を勧めるにあたり、主人みずから敬意をもって最善の品々をととのえる。もとより尸は列席の人々に対して譲る事はしない。生肉を大きく切ったものや細かく切ったものをあつらえ、茹でたものや煮たものをあつらえる。どれか一種では神霊の心にかなうか分からないからである。主人みずからが敬意を尽くすのみである。玉杯を挙げ、尸に告げてもてなす。）

　ここには「室に詔祝し、尸を堂に坐せしむ。牲を庭に用い、首を室に升《あ》ぐ。神の在る所を知らず。彼《かしこ》に於てか、此《ここ》に於てか、或は諸《これ》は人に遠ざかるか。祊に祭るに、尚《こいねが》いて曰く、諸を遠きに求むるかと」とある。尸に仕える人々の恭順が示されている。ここまでしたところで、亡くなった人の霊魂がはたしてどこにいるのか、誰にもさだめられない。それでもなお、あとに残された人々は奉仕に心をくだいた。尸への饗応がどれほど細心に準備され、敬虔に行なわれたかが描写される。

宗廟の祭祀は敬意のかぎりを尽くして行なわれた。主人みずから牲《いけにえ》をたずさえる。卿大夫は幣《ぬさ》を捧げて後にしたがう。牲をほふったあと、主人みずからこれを割《さ》いて肝を取りだしてそなえる。夫人は盎斉の酒を献ずる。これは酒正五斉のひとつで、祭礼用の古代の製法によって作られた。卿大夫の妻である命婦は夫人にしたがう。一同が「洞々として其れ敬めり。属々として其れ忠なり。勿々として其れ其の之を饗《う》けんことを欲す」とある。つつしみ深く敬虔に行ない、まめまめしく忠実に尽くし、つとめいそしんで、ひたすら神霊が受納してくださることを望むのである。

主人が牲を廟門から運び入れたあと神霊に祭祀を行なうことを告げる。牲をほふって血のついた肉を室内にもたらすときも神霊に告げる。調理した肉を堂上にそなえるときも神霊に告げる。三たび場所を変えて神霊に告げるのはなぜか。それは「蓋し求めど未だ之を得ざるを道《い》う」とある。神霊がどこにおられるかわからないので、はたしてお告げした声が届いたかどうかもわからない。だからくりかえし告げたのである。宗廟の堂上で祭祀を行なうときも、その翌日に廟門の外で行なうときも主人は言う。「彼に於てか、此に於てか」と。あそこで祀ろうか、ここで祀ろうか。そう言うのが習わしだという[26]。廟祭の翌日に門外で行なわれる祭祀は祊と呼ばれる。

かくして子孫は祭祀の場で、はなればなれになった先祖の魂と魄とを呼びもどして再生させた。先祖の忌日には一族の者を尸とし、そこに魂と魄を依りつかせた。香を焚いて天から魂を招き、酒を大地にそそいで魄を呼びおこす。こういう習俗は地球上の多くの民族が行なっている。いわゆる招魂儀礼である。漢民族だけのものではない。中国ではこの儀礼に奉仕したのは儒と呼ばれる人々であった。

儒の声符の需はもと雨請いする巫者を意味した(27)。この字のなかの「而」は髡すなわち髪を切られた人の姿で、受刑者もしくは特定の賤職にたずさわる者をさす。雨請いの儀式では巫者を焚いて犠牲にすることさえ行なわれた。儒はこのような巫術をなりわいとした階層から出ている。彼らが葬礼にたずさわったのはその本来の職掌を示すものである。巫者によって伝えられたふりし世の神事に新たな意味をあたえ、その実践を推進したのが孔子であった。孔子自身その階層から出たとも考えられている(28)。

後世の儒家による粛然たる典礼からはおよそ想像もつかないような、恍惚にみちた降霊の儀式によって、死者はいっときなつかしい家族のもとに帰ることができた。孫の体に乗り移った亡き人の霊を、心を尽くしてお迎えする。残された者たちもあたかも死者にまみえるがごとく、死者はその場に居ますがごとく、幽冥境を異にする一族がふたたびつどいあって正餐にあずかる。かつて目のまえの御馳走をともにし、ともに談笑し、ついにみまかった人も、今日はここにいる。

こうした死者と生者のむつみあうぬくもった世界はしかし、いつしか漢民族の文明社会から遠ざけられ、冷たい秩序の背後に追いやられていく。ずっと時代はくだって、南宋の朱熹が一地方に残されている習俗を伝えた(29)。福建の邵武の近くにある村では、数十軒の家々が輪番にして家長を中王の憑坐《よりまし》に立てる。村の祭にはかならず中王を招いて着座を願い、これに祈禱するという。近年まで見られた習俗だが、そのさまはいにしえの尸に通じるのではないか。そのように朱熹は語っている。

二 重から主へ

重はその後どうなるのか。

葬儀の日の朝、最後の奠が催されたあと、重は一番最初に門から出て、門の東側に立てかけられた。葬列が組まれると人々は順々に門を出て行く。このとき重が一同を見送る。埋葬をとどこおりなく終えた人々がもどってきて、故人の霊魂を迎えてこれをやすらかに祀る虞の礼が行なわれた。この間、重については言及がない。虞祭が終わると祖廟の門の外、東側の地面に埋められるという。ということは、それまで重はありつづけたわけである。『礼記』「雑記」に「重は虞すること既《お》われば之を埋む」とある(30)。

虞祭が終わってようやく重は姿を消す。そして新しい依代である主が作られ、これに代わっていく。主は木主とも呼ばれる。木製であるがゆえであろう。あるいは神主とも呼ばれる。神霊を宿すがゆえであろう。

これまでの経過のなかで、霊魂を依りつかせたのは銘と重であった。尸もまた憑依の対象ではある。しかしもはや銘も重も見えなくなると、新たに主が登場する。ここで主について考えるに先立って、今までの経過を整理しておきたい。

葬儀の初日、遺体を部屋の北側から南側に移動させ、最初の供え物がなされた（これを奠と呼んだ）。このとき銘が用意された。黒い旗を赤く染めて姓名を記し、西階の上にこれを置いた。つづいて遺体を沐浴させてから正装した（これを襲と呼んだ）。着衣のあと遺体は布で包まれ、もはや故人の顔を見ることはできなくなる。このとき重が用意された。木製の重に蓆《むしろ》を着せて帯をかけ、中庭に立てかけた。西階の上にあった銘をそこにならべる。こうして銘と重がともに霊魂の依るところとなった。

翌日は遺体に葬衣を着せる（これを斂と呼んだ）。翌々日は葬衣をさらに厚くして遺体を柩に納めた（これを殯と呼んだ）。柩は西階の上に据えられた。このとき銘が柩のかわたらに移され、ふたたび西階の上に立つことになる。重はそのまま庭に立てられている。

殯の期間を終え、柩を祖廟に参内させた（これを朝祖と呼んだ）。このとき重が先頭に立ち、奠と燭と柩がしたがった。そのあと重はふたたび中庭に立てられた。葬送の前日、柩を西階から降ろして柩車に載せ、別れの供え物が設けられた（これを祖奠と呼んだ）。このとき銘は柩の下に敷きつめる茵《しとね》の上に置かれた。そのあと重と柩車をそれぞれ動かして南向きにしておく。

葬送の当日、墓所に向けて葬列が組まれると、重は最初に門の外に出て、門の東に立てかけられた。銘を先頭に、最後に柩車が出て行くのを重は見送った。銘は柩とともに墓に埋められた。埋葬を終えたあと、霊魂は生前の衣服に迎えとられて墓所よりもどってくる。葬送の翌日から日取りを選んで、故人の霊魂をやすらかにする虞祭が行なわれた。定められた回数の虞祭がとどこおりなくすむと、重は廟門の外に埋められた。

　こうして銘も重もあいついで姿を消していった。虞祭が終わるとともに霊魂の依るべきものはなくなる。上述のとおり、いくたびかの虞祭のあとに卒哭が行なわれた。さらに故人の霊魂を祖先の廟に合わせ祀る祔祭が行なわれた。故人の霊魂は祖神の列に加えられ、神として祭祀を受けるようになっていく。そして神霊となった故人の霊魂を迎えるために主が作られる。

　虞祭から卒哭を経て凶礼は終わり、ここから吉礼がはじまる。『儀礼』「士虞礼」に附された「記」に言う(31)。

朞而小祥。曰薦此祥事。又朞而大祥。曰薦此祥事。中月而禫

（［祔祭の月から］期すなわち満十二箇月を経て小祥を行なう。祝詞に「この祥事を薦《すす》める」という。さらに期を経て大祥を行なう。祝詞に「この祥事を薦める」という。さらに一箇月をへだてて禫を行なう。）

　ここには「朞にて小祥す。曰く此の祥事を薦むと。又、朞にて大祥す。曰く此の祥事を薦むと。月を中《へだ》て禫す」とある。卒哭の十二箇月後に小祥が行なわれ、さらにその十二箇月後に大祥が行なわれる。祥は忌明けの祭祀である。練祭ともいう。その一箇月後に禫祭が行なわれる。禫の声符の

覃は充たすことである。禫祭はしたがって喪が充ちる吉祭である。これによって足かけ三年にわたる喪が明ける。

なぜ主を設けるのか。

『礼記』「檀弓」に「重は主の道なり」とあり、鄭玄はこれに注して、「始め死して未だ主を作らず、重を以て其の神を主とするなり。重は虞すること既われば之を埋《お》め、その後に主を作る」という。[32]人が亡くなると霊魂の憑坐として重が作られ、虞祭が終わるとこれを埋めて代わりに主が設けられる。後漢の班固の『白虎通』には「祭に主の有る所以は何ぞ。神は依拠する所無ければ、孝子は主を以て心を繫ぐを言うなり」とある。[33]神霊にとって依りつくものがなければ、主を設けて心をつなぎとめるのだという。銘も重もなくなった今、霊魂の依拠するものは主を措いてほかにはない。

ふたたび『礼記』「檀弓」に「殷は主ありて重を綴《つら》ね、周は主ありて重を徹す」とある。[34]殷の時代には主を設けたあとも重があった。周の時代には主を設けると重は取り払われたという。凶礼から吉礼に転じるとき、重から主へと重複せずに交替する。これが理にかなった展開の仕方であろう。ところがここに別の伝がある。

『春秋』は魯の僖公が治世三十三年（前六二七）に薨じたことを記す。葬儀は翌年の文公元年（前六二六）に行なわれ、その翌年に主が作られた。文公二年（前六二五）の条に「僖公の主を作る」とある。これについて『春秋左伝』（以下『左伝』と略称）は「時ならざるを書するなり」としている。[35]あえて記録するのは時期を逸したことを正すためだという。『春秋穀梁伝』（以下『穀梁伝』）は時期のことは論評せず、「主を立つるに喪主は虞に於てし、吉主は練に於てす」と記す(36)。主に二種あって、喪礼のための主は虞祭に用い、吉礼のための主は練祭すなわち忌明けの小祥と大祥の祭祀に用いるという。また『春秋公羊伝』（以下『公羊伝』）には「主は曷《なに》をか用う。虞主には桑を用い、練主には栗を用う」とある(37)。虞祭用の主は桑の木で作り、練祭用の主は栗の木で作るという。

　以上を要するに、主には桑製の虞主と栗製の練主があったことになる。しかしこの虞主なるものの存在は、虞祭においてなおも重が立てられていることと調和しないのではないか。前述のとおり鄭玄は、虞祭が終了してから重を埋め、それに代わって主を設けるとした。しかし同じ後漢の許慎は、これと異なる説明をあたえている。『五経異義』に「主は神の象《かたどり》なり。孝子は葬り既《お》われば心に依る所無し。虞にて主を立て以て之に事《つか》うる所以なり」とある(38)。故人を葬り終わったのちは心のよりどころがなくなる。それだから虞祭のとき主を立てたという。ここで主に「事うる」とあるのは、故人に奉仕するがごとくという意味であろう。このとき重と主が並存したのか、それとも重はすでに埋められていたのか。埋葬後に「心に依る所無し」とあるのは後者の意にとれなくもないが、どう考えるべきか。

　さかのぼって僖公が三十三年に薨じたことについて『左伝』は記す。「僖公を葬るは緩なり。主を作るは礼に非ざるなり。凡そ君薨ずれば、卒哭して祔し、祔して主を作り、特に主を祀る。廟に烝嘗禘す」と(39)。僖公が葬られたのは翌年四月であるが、その年は三月に閏月を置いたので薨後七箇月を経過している。これを「緩」とした。ゆるやかに過ぎるという。主を作るのも遅くて礼にかなっていない。これは上述の文公二年の条に対応している。つづけて言うには、およそ君主が薨じたのち祔祭を行なって先祖の廟に合わせ祀る。そのあと主を作る。主を祀るのは上述のとおり小祥と大祥と禫祭の吉礼においてである。次に「廟に烝嘗禘す」とあるのは、三年の喪が果てたのち、冬の烝祭と秋の嘗祭と春の禘祭という四時の常祭を祖廟で営むことを言う。ここでも主が祀られ、それからのち祀られつづけていく。このとおり『左伝』の記述は『儀礼』のそれに即応している。[40] 凶礼が終わって吉礼に替わる。そのとき主が作られ祖廟に祀られた。これが理にかなうと言うべきであろう。

だとすれば『公羊伝』と『穀梁伝』が説くような虞主を立てる意義はかえって不明となる。ここで想起されるのは二種の主の材質が異なるという事実である。なぜ主の材質を分けたのか。『後漢書』「礼儀志」に「反《かえ》りて虞するに、主を立つること礼の如し。桑木の主は尺二寸、諡《おくりな》を書さず」とある。[41] 虞主は桑製であり諡号は書かないという。また、後漢の何休が『公羊伝』文公二年の条に引く「士虞礼記」に「桑主は文《かざ》らず、吉主は皆な刻して之に諡《おくりな》す」とある。[42] 桑主すなわち桑製の虞主は簡素であり、吉主すなわち練主に諡号を刻むという。そのために丈夫な栗材を用いたに相違ない。諡号を明示するのは、のちに祔祭で合わせ祀るときに昭穆を正すためである。昭穆とは祖廟における序列をいう。かくして吉礼に用いる練主は祖廟に置かれ、長らく祭祀の対象になっていく。そうすると簡素に作られる虞主は、虞祭が終了するまでの仮の主ということになるだろう。

はたしてそうであるならば、虞主と練主との関係は日本の仮位牌と本位牌に対応するのではないか。今も地方によっては葬儀のとき仮位牌を用意する。白木の位牌である。これとは別にさらに野位牌を用意するところもある。仮位牌を内位牌とも呼び、野位牌を外位牌とも呼ぶ。仮位牌は亡くなった人の枕もとに立て、葬儀のとき棺の脇に置かれる。野位牌は野辺送りで喪主が墓地まで持っていき、墓石の前に立てかける。もしくは遺骸を埋めた地面の上に置いてくる。あるいは仮位牌を喪主がたずさえ、野位牌を棺に載せていくところもある。(43)

いずれにしても、仮位牌は葬儀のあと家で祀られる。満中陰と呼ばれる四十九日(地方によっては三十五日)の忌明けがすむと、本位牌を作って仏檀で祀る。これは黒い漆塗りの位牌であり、金箔や彫刻をほどこしてある。塗位牌とも呼ぶ。菩提寺の位牌堂で祀るところもある。このとき仮位牌は墓地に埋めるか墓前で焼く。あるいは菩提寺に納めて供養してもらう。

仮位牌は人が亡くなったあと最初に作られ、つねに遺体の近くに置かれた。これは銘と共通するところがある。一方で棺に載せていき墓地に置いてくる点では、野位牌もまた銘とつながっている。仮位牌は忌明けまで祀られ、その後は本位牌がこれと交替して仏壇で祀られていく。これは虞主と練主の関係に対応するであろう。葬儀のさまざまな段階で主や位牌が作り替えられる。こうした事実に注目したいと思う。

『礼記』「曾子問」は孔子と弟子の曾子の問答を記している。(44) 曾子は問うた。「古は師行くに、必ず遷廟の主を以て行きしか」と。昔は軍隊を出動させるとき、遷廟の主を携えたのかと質問した。当主が亡くなって主が設けられると、祖廟の奥にある主は順送りに外に出されて祧という室に入る。

これを遷廟という。祧に置く主はただひとつであり、歴代の主がすべて包含された形である。そこでこの遷廟の主を先祖を代表するものとして奉戴すべきか否かが問題となった。孔子は答える。「天子巡守するに、遷廟の主を以て行き、斉車に載す。必ず尊ぶ有るを言うなり」と。遷廟の主を斉車すなわち御輿《みこし》に載せ、神霊の命にしたがうことを示すべきだとした。

『史記』「周本紀」によれば、周の武王は即位九年に殷を伐つため東征した。そのおり先君文王の墓前で祈願したのち、その主をこしらえた。これを主力部隊の戦車に載せて進軍したという。先君の命を奉じるがゆえの戦いであることを示したのである(45)。司馬遷の時代になおこうした言い伝えがあった。前述のとおり、姿かたちを定めぬ神が出遊するとき氏族の旗に宿る。これと通じるものがあろうか。

三 主の形状と神版

主はどのような形であったか。

周代はもとより前漢におよぶまで主の形状は知られていない。『儀礼』にもその記述はない(46)。現存する文献によるかぎり、言及があるのは後漢以降である。許慎の『五経異義』に「主の制は四方にして、中央を穿ち四方に達す。天子は長さ尺二寸、諸侯は一尺。皆な謚を背に刻す」とある(47)。立方体の四面の中央に貫通する穴があり、中心で交差している。四面から穴をうがつのは、ここを通って霊魂が出入りするためとされる(48)。漢代の尺度では一尺が二三・一センチメートルである(49)。したがって天子の木主は縦・横・高さともに二七・四センチメートル、諸侯の木主は二三・一センチメートルの立方体となる。

また『穀梁伝』文公二年の条に附された唐の楊士勛の疏に「宗廟の主は皆な栗を用う。右主は八寸、左主は七寸、広厚は三寸」とある(50)。これに加えて「右主は父を謂う。左主は母を謂う」とあるから、祖廟に父母の主を併祀したことが知られる。父の主は高さが八寸、母の主は七寸、幅と奥行きはいずれも三寸という。これは直方体の主であった。

唐代には主の形状について詳細な記述がある。開元年間（七一三〜七四一）撰述の『大唐開元礼』に大夫が用いた主のことを記してある。三品以上喪礼の条に言う(51)。

預造虞主。以烏漆匱匱之。盛於箱。烏漆趺一。皆置於別所。虞主用桑主。皆長尺。方四寸。上頂円。徑一寸八分。四廂各刻一寸一分。又上下四方通孔。徑九分。其匱底蓋倶方。底自下而上。蓋従上而下。底齊。其趺方一尺。厚三寸。將祭。出神主置於座。其櫝置於神主之後。

（[虞祭では] あらかじめ虞主を作って烏漆の匱に納め、これを箱に入れる。烏漆の趺が一つあり、別々の場所に置いておく。虞主には桑製の主を用いる。すべて高さは一尺で、幅と奥行きはいずれも四寸である。最上部を直径一寸八分の半円形にし、屋根形の四辺をそれぞれ一寸一分ずつ削る。また上下四方から穴をうがつ。直径は九分である。［これを納める］匵は底も蓋も四角く、底は主を入れる高さがあり、蓋は主を覆う高さがある。底と蓋で［主を］包むのである。趺は四辺ともに一尺で、厚さは三寸である。祭のときには主を取りだして据える。外箱は主のうしろに置いておく。）

ここには「預《あらかじ》め虞主を造り、烏漆の匵《はこ》を以て之を匵《おさ》め、箱に盛《い》る。烏漆の趺一あり。皆な別所に置く。虞主は桑主を用う。皆な長さ尺、方四寸。上頂は円にして径一寸八分、四廂は各々一寸一分を刻《けず》る。又、上下四方に孔を通ず。径は九分。其の匵の底・蓋は倶に方にして、底は下よりして上り、蓋は上よりして下り、底は斉《ひと》しくす。其の趺は方一尺、厚さ三寸。将に祭らんとするに神主を出し座に置く。其の櫝は神主の後に置く」とある。

主は黒漆塗りの匵に納め、さらに箱に入れるという。黒漆塗りの台があり、高さ一尺、幅と奥行きはともに四寸である。頂点は丸く、廂《ひさし》の屋根がつく。直方体のすべての面に直径九分の穴がある。漢代の木主では四面のみだが、ここでは上下にも穿たれている。主を納める匵は蓋と底が同じ形で、すっぽりと主を覆う。

唐代に行なわれていたこの直方体の主は、後世の遺品に連続している。宋代の宗廟における主はこれを踏襲したらしく、それが周辺諸国にも影響をあたえた。吾妻重二によれば、李朝の宗廟に祀られた歴代の王の主は、唐代の直方体型を彷彿させるという(52)。

宋代になると主が一般にも普及する。古代からこのかた儀礼は王侯貴族のために考案されたものであった。『礼記』「曲礼」に「礼は庶人に下らず」とある。[53] 礼は士以上の者のためにあり、民に要求するものではない。唐代においてもなお家廟や主の設置には官位による厳格な規定がある。庶人はその埒外にあった。しかし宋学の登場はその伝統を塗り替えていく。朱熹は『家礼』において庶人にも実行可能な儀礼を構想し、日常での実践を奨励した。序文に「其の本は家の日用の常礼に有り、固より以て一日として修めざるべからず」とある。[54] 儀礼は士以上に要求されるという通念に対して、庶人もまた儀礼実践の対象となるべきことが明示された。[55]

その時代には仏教や道教の民間への浸透によって葬儀がかなり普及していた。『家礼』にもそうした状況が記されている。[56]「死に始まりてより七七日・百日・期年・再期・除喪に及び、僧を飯《やしな》う」とあるのは、今日のわが国における仏事の慣行となんら変わりがない。七七日は四十九日の満中陰、期年は年忌法要、除喪は忌明けに相当する。

満中陰は中陰の満つる最後の日を意味する。死後に次の生に転生するまでのあいだの生存を中陰、あるいは中有という。唐の玄奘訳『瑜伽師地論』に「此の中有は若《も》し未だ生縁を得ざれば、七日を極めて住す。生縁を得ることあるも即ち決定せず、若し七日を極めて未だ生縁を得ざれば、死して復た生じ、七日を極めて住す。是の如く展転して未だ生縁を得ずして、乃至七七日住す。此れより已後は決めて生縁を得ん」とある。[57] 中有にあって転生する機縁が得られなければ、七日ずつ七たびを限りとしてその機縁を得るという。四十九日の直接の典拠はここにある。これにもとづいて七日ごとに追善の供養を行ない、中陰の満つる四十九日に盛大な仏事を催した。ここまでが忌中となる。

これに百箇日・一周忌・三回忌が加わって仏事の回数は十回になった。ちなみに三回忌を二年目に行なうのは、儒教の三年の喪が実質二十五箇月であるのによっている。

四十九日の観念が仏教にもとづくことはまちがいないとしても、それを葬祭の一連の行事のなかに組み込んでいったその発想は、古代においてすでに『儀礼』によって規定されたものがもとになっている。むしろ仏教がこれを取りこんで、あたかも仏式のごとくにさまがわりさせたのである。

いったい回忌法要という習慣があるのは仏教が広まった地域のなかでも東アジアだけである。葬式のあとに一周忌・三回忌・七回忌・十三回忌とつづく法事は、日本人にとっては普通の行事であろう。死後の通過儀礼とさえ言えるのではないか。本来は故人の供養が目的のはずだが、今では法事の名のもとに親族がつどう機会となっている。没後に時を定めて故人の祭祀を行なうことは古代の儒教において定められていた。これを中国仏教が摂取して普及させた。こうした状況のなかで『家礼』が撰述されたのである。冠婚葬祭の儀式が簡略化され、その影響はやがて韓国や日本にまでおよんでいく。

『家礼』は士はもとより庶人に対しても先祖を祀る祠堂の設置を説いている[58]。祠堂に納める主については、官位を有する者であれば「宋故某官某公諱某字第幾神主」と題せよという。のちの位牌に記す文字とのつながりに注意したい。また、官位を有さない者には「生時に称する所の号を為せ」とした[59]。唐代にはじまる新しい型の主はすでに行なわれていたが、その普及は『家礼』によるところが多大である。

尸を立てた時代は過ぎ去り、それに代わって主が用いられるようになって久しい。『家礼』には虞祭のとき「祝は神主を出し座に於いてす。主人以下皆な入りて哭す」とある。[60] 卒哭や祔祭や祥祭でも同様に、祠堂から主を出してきて、あたかも故人に仕えるがごとくにしたという。[61]

重は漢代の文献になおも言及があるが、それ以降はとだえた。宋代にはそれに代わって魂帛が用いられた。『家礼』「喪礼」に言う。[62]

置靈座。設魂帛。〔注〕設椸於尸南。覆以帕。置倚卓其前。結白絹爲魂帛。置倚上。設香爐。香合。珓杯。注酒果於卓子上。侍者朝夕設櫛頮。奉養之具。皆如平生。司馬公曰。古者鑿木爲重。以主其神。今令式亦有之。然士民之家。未嘗識也。故用束帛依神謂之魂帛。亦古禮之遺意也。

(柩を置いて霊魂の依りつく帛を設ける。〔注に言う。〕遺体の南側に衣掛けを設け、帕《はちまき》で覆う。その前に椅子と卓を置き、白い練絹を結んで霊魂の依りつく帛とし、椅子に載せる。香炉と香合と珓杯をそろえ、酒をそそいで果物を卓の上にそなえる。世話する者が朝夕に櫛けずり顔を洗う道具をととのえ、いずれも生前の日常のようにする。昔は木を削って重をこしらえ霊魂を依らせたが、士や庶民には知られていなかった。そこで束ねた帛で霊魂を依らせ、これを魂帛と呼んだ。昔の葬礼の名残である。)

帛は白い練絹である。注にあるとおり、遺体の脇に衣掛けをしつらえる。椅子に帛を結びつけ霊魂の依るところとした。卓上に香炉や珓杯をならべ、供え物を置いた。珓杯は投げて出た裏表で吉凶を占う道具である。玉か貝で作られる。今も台湾でさかんに用いられる筶《ポエ》に相当する。洗顔と化粧道具も生前と同様に用意した。昔は重に霊魂を依らせたが、士や庶人には無縁のものだったと朱熹は述べている。そこで帛に霊魂を依らせて魂帛と呼んだ。かつての葬礼の名残だという。

同じく『家礼』によれば、魂帛もまた重と同様に虞祭が終わると地面に埋めた(63)。銘を立てることはこの時代も行なわれていた。身分に応じて長さが異なる。「某官某公之柩」と書いて竹竿に結びつけ、柩のかたわらに立てたという(64)。古代からまったく変わっていない。これはのちに板に絹をかぶせ、故人の名前と称号、生没年と年齢を記すようになった。魂帛と銘をひとつにしたもののごとくである。やはり後世の位牌と共通している。

なおここで注目したいものに神版がある。主が天子諸侯の祭器として用いられたのに対し、卿大夫士の祭器に神版があった。名称はほかに神板・祠版・位版・位板・祭板・主牌などさまざまである(65)。主と同じく先祖の霊魂が依りつくものとされた。唐の杜佑の『通典』に「今代に祠板木有り」とある。祖廟に祀る主に諡号を記すように「板に名号を書する」とあって、これまた「主に題するの意なり」としている(66)。主の代用とされていたことが知られる。

北宋の張載の『経学理窟』に「祭堂の後に一室を作り、都《すべ》て位板を蔵す」とある(67)。すべての位板とあるから、先祖各位の分を作成して納めておいたのか(68)。つづいて「位板は正位と配位と宜しく差有るべし」とある。夫婦で別々に作成したのであろう。

朱熹は西晋の荀勗の『祠制』を引いて、「祭板皆な正側長一尺二分、博さ四寸五分、厚さ五分。某人神座と八分にて大書す」と記した(69)。祭板は厚さ五分の薄い板である。そこに先祖の名を記して「神座」の文字を加え、これを八分大書したという。八分は楷書が成立する前の書体である。隷書の筆勢を留めている。西域出土写本のうち五世紀の北涼体はこの八分が基本である(70)。『宋史』「礼志」によれば「某官某大夫之神坐」と大書したという(71)。これを隷書のように麗々しく記したのだろう。

家ごとの祖廟である家廟は本来は卿以上のものであったが、十二世紀の南宋の時代には功臣に家廟が下賜されるようになる。そのとき神版も作られた。家廟をたまわる恩典は『宋史』にいくつも見える。これ以後、家廟の普及とともに神版の作成もさかんになっていく。

日本の位牌の原形は主と考えられるが、こまかく言えば主から分かれ出た神版がより近いのではなかろうか。位板や主牌という別称、薄い板という形状、「某之神坐」と記す文字など、位牌との類似に注意したい。

四　現代に生きる救済儀礼

中国には儒教や仏教とならぶ宗教として道教がある。日本では表層において受容されておらず、私たちにとってなじみがなく捉えどころがない。しかし東アジアに生きる人々のものの考え方や感じ方を理解するうえでは、儒教や仏教に勝るとも劣らず重要な存在であろう。墓や位牌について言えば、その根底にあるさまざまな思いには道教も深くかかわるところがある。こうした心情こそがじつは墓や位牌をめぐるあらゆることのなかで、本質的でありながらしかし厄介な問題につながるのではないか。

道教を信仰する人々が古くから行なってきた儀式のひとつに上章がある。上章とは文書を奏上することをいう。奏上する相手は天界の役人か、あるいは地下の冥界の役人である。中国では天の上にも地の下にも役人がいて、何かを請願するときはつねに文書にしなければならない。天界もしくは冥界の役人に請願書を奏上して救いを求める。それが上章と呼ばれる道教の儀式である。千五百年も前の六朝時代から実践されてきた救済儀礼と言ってよい。

冢訟と名づけられた上章がある。冢は塚墓つまり墓。訟は訴訟をいう。冢訟とは墓を通じてもたらされる死者の訴えを意味する。六朝時代の人々は考えた。先祖が墓の下に広がる冥界で苦しんでおり、その苦しみがさまざまな災厄となって残された者たちに現れるのだと。それを除去するには、子孫に転嫁された苦痛のもとを解消しなければならない。そのための具体的な方法として道士に依頼して冢訟を奏上した(72)。これはかたちを変えつつ中国大陸の一部や台湾で今もさかんに行なわれている。

その流れを汲むものに功徳と呼ばれる儀式がある。死者の霊魂を地獄から救済するための儀式である。丸山宏によれば、亡くなってから七日間の節目のどこかでかならず行なわれるという(73)。地域によって差があるが、普通は丸二日を要する。また、没後に時を隔てて行なわれるものに黄籙斎がある。こちらは規模も大きく五日以上を要する場合もある。たとえば地震で多くの犠牲者が出たときなど、一村をあげて挙行される。功徳と黄籙斎では規模は格段に異なるが、いずれも亡魂救済のために行なわれるから、基本的な内容は共通している。

こうした儀式では決まって地獄からの救済が目的となる。誰も彼も地獄に墜ちていると考えるのか。地獄への転生という発想はもともと道教にあったわけではない。仏教の影響であることは言うまでもないが、庶民の信仰のレベルでは仏教も道教も混在しており、土俗的な信仰も入りこんでいる。人は死ねば霊魂は肉体から離れ、町の守護神である城隍神や土地神にみちびかれて冥界におもむく。そこで東嶽大帝や閻羅王（閻魔大王）から生前の行ないによる裁きを受け、地獄に墜ちるかこの世に転生するかが決まる。二階堂善弘の調査したところでは、天界への転生はあまり考えられておらず、次に生まれ変わるときはよりよいところにと願う人が多いという(74)。ともかくも地獄に墜ちて苦しんでいる身内を救済するのが先決となる。

功徳の儀式が行なわれる前におおやけの場に榜と呼ばれる文書が張り出される。儀式にたずさわる道士の職位と氏名、救い出す故人と遺族の住所氏名が記してある。近隣住民に儀式の開催を予告するだけでなく、鬼神にも告知して周知させるためだという(75)。

儀式にとって主要な場は自宅の正庁である。これは霊堂とも呼ばれ、神主が常設してある。埋葬前にはここに棺を置き、埋葬後は「奠」の字を記した白い布を卓に掛けて新しい神主と香炉を置く。

このときの神主は喪の期間に用いるため臨時にこしらえたものである。仮位牌にほかならない。

神主に記す文字は以下のとおりである。父親が五十歳以上で亡くなったなら、名前の上に「顕考」と書く。母親は「顕妣」と書く。五十歳未満ならば「故考」もしくは「故妣」とする。小児の場合は「貞童」もしくは「貞女」と書く。奉祀者の名も表に書く。裏に故人の名と生没年月日を記す。神主を作らず、その代用として魂帛を作ることもある。剣をかたどった板に帛を貼りつけ、そこに故人の名と生没年月日を記す(76)。

古代の儒教儀礼と同じように銘を用意することもある。赤い布に白い文字で書く。白粉を薑《はじかみ》の汁に溶かしたものを用いる。薑は生姜である。強烈な匂いを辟邪すなわち魔除けにした。布の長さは六尺。儒家で用いる銘の倍の長さである。文字はたとえば「七代大父顕考某府君諱某々翁享寿幾齢之霊柩」と記す。字数は奇数とする。先端に葉がついた竹の旗竿につけて運ぶ(77)。

正庁の近くに道士が道壇を設営する。ここには救苦天尊をはじめとする道教の神々が祀られる。正庁は神主をいただく儒教儀礼の拠点としてありつづけ、かたや道壇には神々の居ます空間が現出する。このふたつの場を往復しながら儀式が進行する。道士がいとなむ儀式の合間に僧侶の読経が加わることもある。いよいよ儒仏道混淆である。相互に影響しあい模倣しあってしかも抵触をきたさない。ここに中国宗教の重層性を顕著にうかがうことができよう。それでも儀式の根幹をなしているのはやはり朱熹の『家礼』である。さかのぼれば古代の『儀礼』にまでいたりつく。その古代の儀式からして、じつは往古から民間に伝えられてきた慣習をある段階で整備させたとも考えられ

ている。(78)

まず正庁の内部に置いてあった棺を邸宅の前庭に移す。そこで告別式が行なわれ、来賓が焼香する。つづいて葬列が組まれる。銘を立てる場合には馬に乗った銘旌官が先頭になる。故人の姓を大書した桃灯がつづき、道旛と神主がつづく。道旛は亡魂をみちびくために設けられる。いわば招魂の旗である。綱のような長い白布を棺に結ぶ。女性の遺族がこれにすがり、哭しながらしたがう。出棺から埋葬までの一連の儀式を安葬と呼ぶ。遺体は墓地に埋められ、霊魂はその場で神主に依りつかせる。これを点主と呼ぶ。帰宅後は神主は正庁に置かれ、正庁で行なわれる儀式はすべて神主に向けて行なわれる。

つづいて儀式の場が道壇に移り、そこから道教の儀式がはじまる。まず開通冥路が行なわれる。道士が道旛をたずさえて冥界へと道を開く。道士のうしろに麻の喪服をつけた喪主と夫人がしたがう。棹の上には魂身が載せてある。亡魂を宿すための人形《ひとがた》である。

道士は救苦天尊に祈願し、冥界の責任者に向けて、死者の罪過をゆるす文書を発給してもらう。これを放赦という。赦して釈放せよとの指令文書を交付するのである。あの世の役人にもいっせいに儀式の場に降臨していただく。若い道士たちが台の上から次々と宙返りして飛び降りる。道士みずからあの世に降り、冥界の責任者に請願に行く。それを曲芸のような演技で表現する。

悪霊を追放するために神兵の出動を願う。これを調営と呼ぶ。神兵の軍隊は東西南北と中央の五営に編成される。鼓が打ち鳴らされ、まず東営の軍隊の出動をうながす。その際に「調五営呪」が唱えられる。これは科儀書のなかに伝わっている。

科儀書は儀式の場で唱える文言を記した書物である。もとは口伝えであったが、現在はその多くが文字に書きとどめられ、師から弟子へと伝授される。いずれも手写本でありその量は厖大である。中国宗教史の一大資料と言うべきものである。台湾台南市の閭山教で紅頭法師が用いる科儀書があり、そこに「調五営呪法五五二十五営総呪」が収めてある。次のように言う(79)。

法鼓差明第一聲。一聲法鼓調東營。東營軍馬九千。九萬將軍馬九千。九萬人。人人。頭戴頭帽身帶甲。手執長鎗靑炎旗。龍車。龍車嘈嘈。兵馬到排兵走馬。到坛前。神兵火急如律令。

（法鼓によって軍隊を整列点検する。第一声により東営の軍隊を整列点検する。東営の軍馬は九千である。九万の将軍と軍馬九千、九万の神兵である。神兵は頭に軍帽をかぶり、身は甲冑で固めている。手に長槍をたずさえ、青炎旗をかかげる。龍馬はいっせいにいななき、兵馬は隊列をととのえて神前にいたる。神兵よ、律令にしたがうごとくに火急にせよ。）

末尾に「火急なること律令の如し」とあるのは、漢代から連綿とつづく呪文である。皇帝の発した律令には厳重に、しかも即時に服さねばならない。冥界の神々さえもそれにならえという。官僚国家の面目躍如である。日本の修験者が「急々如律」の呪文を用いるのもこれによっている。

鼓を打ち鳴らし、水牛の角笛を吹いて順次に五営の軍隊が招集される。軍旗の色は東営が青炎旗、南営が紅炎旗、西営が白炎旗、北営が黒炎旗、中営が黄炎旗である。五行思想にもとづいて五色に配当してある。これにつづいて、五方の神々すなわち東方青帝、南方赤帝、西方白帝、北方黒帝、中央黄帝の降臨を乞う。

そのあとはいよいよ死者の霊魂を救い出すべく、地獄の城を打ち破りにかかる。これを打城と呼ぶ。紙と竹でできた地獄の城を遺族が揺り動かす。まさしく儀式の山場である。遺族にとってもっとも痛切な場面であろう。

遺族が城を取り囲んでしがみつき、「爸々出来呦《パーパーチューライオー》」と叫ぶ。泣きながら「お父さん出てきて」と呼びつづける。亡父は容易に出られない。夜中まで何時間もかかることがあるという(80)。地獄の城では亡者が外に出たがってうごめいている。そのなかからめざす人の魂だけを安全に救い出す。これはきわめて危険な仕事だと人々は考えている。もちろん専門の道士でなければできない。しかし道士といえども人間である。そこで道壇に祀った神々に助力を請うことになる。

ようよう道士が城のなかから死者をかたどった魂身を取り出すと、ただちに目に朱を点じて霊をそそぎこむ。開光点眼法と呼ぶ。人形は病気平癒を願って行なわれる収魂の儀式のときにも用いられる。このときは朱筆ではなく線香を用いることもある。線香で符を宙に描く。これによって人形が形代《かたしろ》に転じると誰もが信じている(81)。符は悪霊を祓うための押煞符である。

民間で行なわれる加持祈禱の法事にもこの打城が含まれる。法事といっても日本で言う仏事とはちがう。呪法にもとづく儀式であり、法術といってよい。これは法師が行なうものとされる。法師と道士の区別はかならずしも厳密ではない。

家運が悪い。病気が治らない。童乩《タンキー》に依頼して神意をうかがう。童乩は神懸かりをする霊媒である。男性も女性もいる。亡くなった肉親の霊があの世で苦しんでいると告げられる。地下の枉死城に閉じ込められ、苦しさに耐えかねて子孫に訴えている。それが不運や病気となって現れるという。発想は千年以上も前の冢訟となんら変わりがない。それが今では民間の呪術の対象となっている。法師は紙で作った枉死城を刀で切り裂き、なかから紙人形を取り出してこの世に連れ帰る。(82)

台南市の彫神師が伝える開光点眼呪がある。これは口伝であるが、直江廣治が調査した際に教授されたという。次のように言う。(83)


點香請神開光呪。香氣沉沉應乾坤。開天天氣。開地地靈。開眼眼光明。開眼眼光明。開耳耳聰明。開耳耳聰明。開口口能言。開鼻知伍味。開肚中遠且。開左手山河。開左脚踏平安地。開右手謝則。開右脚謝則。開座弟子合境平安。殿前神通降來靈謝。皐助金身。急急如律令。

（香を焚き神霊を迎えて開光呪を唱える。香気は静かにただよって天地に充ちる。天の気を開き、地の霊を開く。眼を開けば眼が明らかに見え、耳を開けば耳がよく聞こえる。口を開けば口はよくものを言え、鼻を開けば鼻はあらゆる匂いを嗅ぐことができる。腹を開けば遠い先まで見通せる。左手を開けば山河が見わたせ、左脚を開けば平穏な大地を踏むことができる。右手を開けば筋道が明らかとなり、右脚を開けば筋道が明らかとなる。神霊の居ますところを開けば弟子［である私たちは］平安の境地にいたるであろう。殿前の神霊よ、早く降って来て御神体を助け守らんことを。律令の如く速やかならんことを。)

こうした呪文を延々と唱えながら開光点眼法を行なう。鶏の鶏冠《トサカ》を切って、その血を筆につける。符を描いた鏡で人形を照らしながら筆で点を打つという。

功徳の儀式に話をもどす。かくして死んだ肉親もようやく救出された。洗面器に水をはって魂身を沐浴させる。ついで香炉から立ちのぼる煙にくゆらせる。これを煉度と呼ぶ。水と火で練りなおして魂の再生をはかるのである。そうして神々に帰依させ、まことの道教徒になることができて安泰になるという。この発想は、戒名を授けて仏弟子となったあかしとする現代日本の葬儀の慣習とつながるところがあるかもしれない(84)。

道士は開通冥路のときと同じように道旛をたずさえて橋をわたる。これを過橋という。魂身を持つ遺族をともなない、神主の祀られた霊堂である正庁への帰還をはたす。

亡くなった肉親があの世で幸福に暮らしていくためには、立派な家が必要だろう。そこで儀式の最後に霊厝と呼ばれる家の模型が焼かれる。煙となって天に立ち昇ることで、この世からあの世へと家が送り届けられるという。最近では自動車や携帯電話の模型もいっしょに火にくべる。あの世でも不自由な思いをしないためである。このとき紙銭も焼かれる。紙幣の模造品に「冥界銀行券」などと印刷してある。これも同じ原理にもとづいていよう。あの世での生活資金も、あの世の役人にそっとわたす賄賂も、子孫が送金しなくてはならない。中国の人たちはそう考える。煙が空に消えていくのを誰もが見つめている。

霊暦が焼かれるとき、亡魂を宿した魂身もともに焼かれて天に昇っていく。喪主は正庁に帰還したあと新しい神主を先祖の神主といっしょにならべる。こうして通常の状態へと復帰する。これを安座と呼ぶ。新しい神主と香炉とその灰は三年のあいだそのままにしておく。これをもって功徳の儀式は完了する。

亡くなった人の魂は天にあり、そして墓にあり、また正庁の神主のなかにもいる。(85) そう信じられているのだろう。そこに矛盾はないのか。はたしてそれは調和することなのか。

五　孤独な霊のために

このような道教の儀式の基盤にあるのは、やはり古くから受け継がれてきた儒教の祖霊観にちがいない。先祖の魂を祀るのは一族の者にかぎられる。時をさだめて祀ることで霊魂は鎮まり、一族のつながりが保たれていく。それが大原則である。

一周忌または三回忌のとき、常設の神主に名を記す。それまで臨時に置いていた香炉の灰を常設の香炉へ移す。こうして新たな先祖として祀られるようになる。その一方で、遺体の方は骨だけになったころ掘り返して甕に入れ、風水にかなった墓にあたためて納骨する。朱熹の『家礼』は立地のよくない場合の改葬を認めている。しかし現在は台湾などで普通に行なわれるという(86)。

では、祀ってくれる人がいない場合はどうなるのか。鎮まる所を得ない霊魂はさまようしかない。悪しき霊となって世のなかに災いをもたらす。祀り手のないそれは孤魂と呼ばれる。孤魂を救済することもまた道教にとって大切な行事である。普度の祭という。普《あまね》く救うという意味である。儒教が関与しない中国社会の周縁での道教の役割は決して小さくない(87)。

中国大陸の一部や台湾で行なわれる道教の祭は、慶祝や祈願にかかわるものもあるが、圧倒的に多いのが亡魂の救済を目的としたものである。なかでも最大の行事が旧暦七月十五日前後に各地で行なわれる中元普度の祭である。中元といえば今では夏の挨拶のことだが、もとは古い道教の儀式であった。中元というからには上元も下元もある。あわせて三元という。天地水をつかさどる三人の神々をそれぞれ配している。中国では神々まで役人である。天官・地官・水官、まとめて三官と呼ぶ。三官は天下のあらゆる者の行状を監視し、善悪の度合に応じて寿命を裁定する。

四川省は三国志の蜀の国である。後漢の終わりごろ、その地に道教の教団が生まれた。五斗米道と呼ばれる。信者になるとき五斗の米を納入させたのが名の由来とされる。当時にすれば新興宗教であり、難病治療を看板に掲げた。病気になるのは悪行の報いだという。この考え方は中国ではなかなかに古い伝統がある。ここでは病者に罪を懺悔させ、二度と罪を犯さないように誓約書を三通作成させた。一通は山上に置き、一通は地下に埋め、一通は水中に沈める。そうして天地水の三官に届くようにした。天官は人に福徳をさずけ、地官は罪過をゆるし、水官は災厄を祓う。のちに天官賜福・地官赦罪・水官解厄を祈願する祭が行なわれた。

正月十五日を天官の誕辰すなわち誕生の日とし、これを上元節とする。七月十五日は地官の中元節、十月十五日は水官の下元節とした。三官信仰のはじまりは後漢だが、三官と三元の結合は六朝時代とされる。道教経典に『太上三元三官大帝賜福赦罪解厄消災延生保命妙経』がある。右に述べたことのことごとくが題名に盛り込まれている。さらに上元は年中行事の灯節と重なり、中元は盂蘭盆会と重なった。そしてあまねく亡魂を救済する行事として普及した。普度の祭は町ぐるみ村ぐるみで行なわれる。個人の葬式のときも遺族が出費して、祀り手のない孤魂にほどこしをする。

日本でもお盆のとき位牌に据える膳の脇にもうひとつ膳を用意するところがある。かつてはとむらう人のない霊をとむらう場はそこかしこにあった。昔であれば行き倒れやいくさで命を落とすこともあったろう。無縁仏の供養には僧侶がたずさわってきた。僧侶といっても南都北嶺のゆゆしき学生《がくしょう》にあらざる聖《ひじり》や遊行僧の活動である。葬儀や法事というしかるべき祭祀が受けられなかった危なげな霊はそのままにできない。肉親の葬式のおりにそんな浮かばれない霊にもそれなりのもてなしをする。あるいは小さな墓を立てていっしょにとむらうこともした。それは恐れでもあるし憐れみでもあろう。昔の人のいたわりがこんなところにもうかがえるかもしれない。

人の生と死について伝統的な宗教には明確な教義が用意されている。しかし死者の霊にかかわることとなるとそこからはみ出してしまうものが少なくない。じつはこういうものほど私たちの心にわだかまっていたりしないか。文学に構想をあたえ、芸能に素材を提供するのも、多くはこうした領域である。それは神学や教義学の範囲にはおさまりきらない。そうなると個々の宗教に限定されない見方、あるいはもろもろの宗教を横断する視点から見わたすこともときには有効となろう。

六　死者の住む丘

地獄について説いた仏教経典のいくつかは中国に伝来した早い時期に漢訳されている。初期にはサンスクリットのナラカを音写して奈落迦と記した。略して奈落である。この言葉は「奈落の底に」という日本語に残っている。また意訳して地獄の名で出てくる。注目すべきは「泰山地獄」という言葉が見られる点である。中国山東省にそびえる泰山のことだが、これが原典にあったはずはなく、漢訳時に加えられたにちがいない。奈落迦といい奈落といっても、はじめて聞いた中国人には意味不明のはずである。地獄という言葉にしても当時はなじみがない。そこで泰山の名を冠して連想を容易ならしめたのではないか。逆に言えば、泰山地獄と聞けば誰でも想像がつくほどに、泰山の地下には死者の住まう世界があると信じられていたのだろう。

中国には古来人々の崇拝を集めてきた山がある。その代表が五嶽であり、泰山はそのひとつである。東にそびえているので東嶽と称された。朝日をあおぐ山は生命のはじまりをしろしめす。命の生まれ出ずるところはいずれ命の帰り着くところになっていく。やがて死者の魂は泰山にもどるという信仰が広まった。後漢の時代、西暦紀元後のこととされる。仏教経典が中国にもたらされるのは、これにいくらか遅れる。

死者の魂のつどう場所も泰山の麓にさだめられた。蒿里の丘にはかつて墓碑が林立していた。もとは高里と呼んだ。前漢の太初元年（前一〇四）に武帝がここで天地の神をことほぐ封禅の祭を行なっている。『漢書』「武帝紀」に言う。「高里に禅《まつ》り、后土を祠る。東に勃海を臨み、望みて蓬莱を祠る」と。(88) これより早く前漢の高祖五年（前二〇二）に作られた挽歌がある。そのひとつは「蒿《よもぎ》の里は誰が家か」と歌う。これが葬送の場で歌われるならわしとなって、いつしか蒿里と高里とが混同された。(89) 亡き人々の住まう闇の世界が高里の丘の下にあると考えられるようになり、名称まで蒿里に変わったのである。

ここにはかつて壮大な森羅殿がそびえており、中庭を囲む塀に沿って七十五司がならんでいた。ことごとく地獄の法廷さながらにしつらえてあり、罪人を懲らしめる刑罰のさまが塑像で表現してあった。(90) このような迷信の権化は革命中国で容赦なく破壊された。

革命以前に撮影された蒿里の写真がある。故人を記念する文章を刻んだ石碑ばかりが見える。いずれも墓石ではない。私たちが身近な墓地で目にするのは、「先祖代々之墓」あるいは「何々家之墓」と刻まれ、その下に遺骨を収納する墓石だが、これは東アジアの葬墓史においてはむしろ例外的な存在といえる。このことはこれからの墓のありようを考えるうえで注意してよいのではないか。

蒿里山と記された門の奥に石碑が林立していた。そこに「昔故三代宗親享祭之処」という表示があった。今は亡き三代の先祖を祀る所を意味する。石碑の多くは一村もしくは村々で講を組んで費用を出しあった。一例をあげれば、山東済南府長山県の東路五里橋と道荘の両村民が合同で光緒二十九年（一九〇三）二月に立てた石碑がある。中央に「三代宗親之位」と刻んである。(91)三代の先祖の居ます所を意味する。もう一例あげれば、山東済南府長山県の南路孟家堰荘の村民一同が光緒丙午の年、仲春二月に立てた石碑がある。中央に「敬祀昔維先代宗親之所」と刻んである。(92)今は亡き先祖の居ます所を敬い祀るという。丙午年は光緒三十二年（一九〇六）にあたる。いずれも死者の魂がここに宿るという思いに支えられているのだろう。これはのちに位牌に記される文字とつながっていく。

死者の魂がつどうと信じられた山は、広大な中国にはほかにもあった。五嶽のひとつである崋山も同様である。中国東北の民族である烏桓は、人が死ねば魂は赤山におもむくと信じていた。『後漢書』「烏桓伝」に「中国人の死する者の魂神、岱山〔すなわち泰山〕に帰するが如し」とある。次のように言う。(93)

屬累犬。使護死者神靈歸赤山。赤山在遼東西北數千里。如中國人死者魂神歸岱山也。

〔「死者をみちびく」役目をになった犬がおり、亡くなった人の霊魂が赤山にもどるまで守ってくれる。赤山は遼東から数千里の西北にある。あたかも漢民族の死者の霊魂が泰山にもどっていくようなものである。）

あるいはまた、はるか北方の地に羅酆山があるという。人は死後この山にある冥界の都におもむき、そこで裁判を受けると信じられていた。道教経典に酆都地獄の名でしばしば登場する。これらを圧して泰山がその総元締めとなったのである。

命が生まれ命が帰り着く山。泰山は人の寿命をつかさどる山となった。そこには泰山府君という冥界の長官がおり、人の寿命を裁定する神として崇められた。のちに仏教の地獄十王（閻魔大王はそのひとり）と混淆し、地獄の裁判長として死後の処罰をとりしきるにいたる。その名も東嶽大帝に変わっていく。

泰山府君の信仰は日本にもたらされ陰陽道に取り入れられた。これが平安貴族のあいだに広まる。陰陽道では泰山府君が最高の神格とされ、泰山府君祭が秘技として伝授された。あの世から人を呼びもどす呪法である。実際に行なわれた記録がある。永祚元年（九八九）に一条天皇の延命のため泰山府君祭が挙行された。藤原実資の日記『小右記』に記してある(94)。

泰山の地下に冥界があり、そこを泰山府君という神格が支配する。そのことが中国人にとってだけでなく、私たち日本人にとっても墓について考えるうえでなかなかに大きな意味を持っている。泰山信仰は平安時代に一部の階層で受容されたが、庶民には浸透していない。しかし山また山の日本列島には死者のおもむく山はそこかしこにあった。のちにそれは越中の立山、木曽の御嶽山、熊野の妙法山、伊勢の朝熊山などの山岳霊場崇拝に集約されていく。それだけにはとどまらず、先祖の魂が朝な夕なにながめ暮らす山々にやすらうという思いは、今もなお変わらずありつづけているだろう。

亡き人々は山に眠る。墓の下に眠る。そして位牌にも宿るのか。霊魂のゆくえについては最後の章であらためて考えてみたい。

第四章　仏教の葬送儀礼（上）

一　坐禅から葬儀へ

仏教にさまざまな宗派があるなかで、儒教の葬送儀礼の影響をもっとも強く受けたのは禅宗である。今日の仏式葬儀の基礎を築いたのも禅宗である。そしてまた、位牌も禅宗からはじまる。

禅宗と言えば坐禅と誰もが思うだろう。はたしてそのとおり禅の根本はひたすら坐ることにある。只管打坐という。ゴータマ・ブッダは菩提樹のもとに坐り真理にめざめた。すなわち悟りを開いた。

その人にならって坐る。坐ることが禅の根本であることはまちがいない。道元が日本にもたらしたのは言うまでもなく坐禅の宗教であった。そして道元の禅を受け継いだ人々もまた坐禅をもって禅の根本とした。

道元が留学したころの中国は宋の時代である。唐代に生まれた禅宗は宋代に大きな変革をとげつつあった。禅宗の葬送儀礼が完成したのは道元入宋に先立つ時代である。北宋から南宋に移った時代、西暦にして十二世紀のことである。

禅宗だけにかぎらない。中国社会そのものが大きく転換した時代である。儒教も変革をとげた。朱熹が『家礼』を著して儒家の作法を整備し、民間に普及させた。禅宗は『家礼』の成立に先がけて、すでに儒家の作法を取り入れつつ自家の作法を模索していた。そして『家礼』が成立すると、その影響のもとに独自の作法体系を整備させていく。社会の転換期にあって儒教も仏教も新しい社会に即した葬送儀礼の規範を構築したのである。

日本にもたらされた禅宗もこうした動きと無関係ではありえない。道元の時代からへだたるにつれ、禅宗は出家だけでなく在家へも視野を拡大させていく。圭室諦成によれば、曹洞宗の語録は初期にはほぼすべてが坐禅を話題としていた。ところが徐々に葬儀にかかわるものが増えていき、やがて坐禅と葬儀の比重が逆転する。これは応仁の乱の前後とされる。やはり社会の転換期であった。その後は葬儀への比重はますます拡大し、やがて曹洞宗において坐禅はほとんどないにひとしいまでになる。鎌倉時代には坐禅の宗教であったはずが、室町時代の後半には葬儀の宗教へと転換した。

しかしこの転換をあえてとげたことによって、曹洞宗は郷村の宗教として各地に根づくことができたという。(1)

宋代に転換をとげた禅宗の葬儀作法のもっとも古い形態は『禅苑清規』に見ることができる。禅宗寺院を叢林と呼ぶ。清規は叢林における日常生活の規範をさだめた規則集である。清は清衆すなわち修行者。規は規則をいう。その制定は唐代の禅僧百丈懐海にはじまる。インドの修行者の戒律とは異なる中国人修行者の生活規範が説かれている。インド仏教では禁じられた農作業などの労働が作務や普請の名で積極的に取り入れられた。「一日作《な》さざれば一日食らわず」の精神である。これは懐海の言葉として『祖堂集』に記してある。(2)

懐海自身がさだめた『百丈叢林清規』、いわゆる古清規は宋代にうしなわれて現存しない。元代に勅命でこれを再編させた『勅修百丈清規』があるが、古清規とはへだたりがあるという。現存する最古の清規が『禅苑清規』である。散佚した『百丈叢林清規』に代わって北宋の長蘆宗賾によって制定された。崇寧二年（一一〇三）の序があり、崇寧清規とも呼ばれる。懐海の清規の精神を伝えるものと評されている。葬儀の作法を含めて後世の禅宗清規にあたえた影響は絶大である。

『禅苑清規』に規定された葬儀作法は、尊宿と亡僧の作法のふたつに分かれる。尊宿は修行を完成させた僧侶、亡僧は修行の途中で亡くなった僧侶をいう。いずれにしても出家のための葬法である。このように二種に分かつことがその後の清規に踏襲されていった。

もともと禅宗に在家のための葬法はなかった。在家の葬儀を行なうにあたっては亡僧の作法を準用した。それは仏道にこころざし、こころざしなかばで亡くなる人をいまわのきわに速成させる葬法である。俗世に暮らす人を同じように遇することにして在家の葬法を用意させた。これが後世の葬儀の規範となっていく。現代日本の仏式葬儀もその影響のもとにある。

二 尊宿の葬儀作法

『禅苑清規』では亡僧の葬法が先に記され、尊宿のそれは後に記されている。しかし後者の方が記述は詳細なので先に検討していく。これまた非常に繁雑であるが、古代中国からの継承と現代日本への連続を理解したい。冒頭の「尊宿遷化」に言う(3)。

如已坐化。置方丈中香花供養。以遺誡偈頌貼牌上。掛靈筵左右。於衆尊宿中請法屬一人爲喪主。如無法屬。則請自餘住持尊宿。然後修寫遺書。報官員檀越僧官。隣近尊宿。嗣法小師。親密法屬。請僧分頭下書。三日後入龕如亡僧法。

(住持が坐禅しながら遷化したならば、住持の居室である方丈に遺体を置く。香と花をささげて供養する。辞世の詩を牌の上に貼って霊筵の左右に掛ける。住持の遷化にあたり、もろもろの葬儀万般をつかさどる導師を尊宿のなかから招請する。住持と同じ法門に属する人か、もしいなければいずれかの寺院の住持になってもらう。それから訃報をしたためて、役人と檀越と僧官、さらに近隣の尊宿と教えを継いだ喪主、同じ法門に属する人々へ知らせる。葬儀の各部署の責任者を決めて書簡を送る。三日目に遺体を棺に納めるときは、亡僧を葬るときの決まりのようにする。）

ここには「如《も》し已《すで》に坐化せば、方丈の中に置きて香花供養し、遺誡の偈頌を以て牌の上に貼し、霊筵の左右に掛く」とある。「坐化」とは坐禅しながら遷化することである。禅宗の僧侶にとって理想とすべき終焉のさまであろう。「遺誡の偈頌」とは住持が臨終に書き残す言葉である。四字句の漢詩に託すのが伝統になっている。いわば辞世の詩である。略して遺偈という。今でも叢林では住職の葬儀のとき法堂に遺偈を掲げる。もとはこれを牌の上に貼った。

ついで「衆の尊宿の中に於て法属一人を請し、喪主と為す。如し法属無くば、則ち自余の住持尊宿を請す」とある。葬儀万般を取り仕切る導師を決めねばならない。喪主とあるが、今言うところの喪主ではなく葬儀委員長にあたる。のちの清規には主喪とあり、現在の曹洞宗では都管と呼ぶ。これは住持の法属がなるという。同じ祖師の系統につらなる寺院の住持である。現在は法類という。いない場合は別の寺院の住持に依頼する。『儀礼』には祝と呼ばれる葬礼の専門家がいて儀式を進行させた。やはり儀式に精通した人が不可欠である。ここでは導師と訳しておく。

ついで「然して後に遺言を修写し、官員・檀越・僧官・隣近の尊宿・嗣法の小師・親密の法属に報ず。僧を請し頭を分けて書を下す」とある。住持にゆかりある人に訃報を発する。『儀礼』「士喪礼」に附された「記」にもその規定があった。[4] ついで葬儀の各部署の責任者を決めて依頼状をしためる。日本の宗門でも今なお行なわれている。在家では今や葬儀社にいっさいをまかせることが多いが、依頼状こそ出さないものの地方ではあいかわらずこの流儀である。

ついで「三日の後に龕に入ること亡僧の法の如くす」とある。龕は柩のことである。もとは仏像を荘厳するため岩壁を刳りぬいたものを意味した。その龕に遺体を納める作法を亡僧法に説いたように行なうという。これは前述のとおり、亡僧の葬法が先に記されているからである。原文は後にあげるが、要点は遺体を沐浴させて剃髪し、衣を着せて亡くなったときの坐禅の姿勢のまま桶に入れ、それを龕に納めるのである。これを入龕という。三日目に入龕するのは『儀礼』において斂をへたのち殯が三日目に行なわれるのをそのまま受けている。「尊宿遷化」はつづいて入龕の仏事に移る。次のように言う。[5]

入龕時。請尊宿一人擧靈座。當有法語。法堂上西間置龕。東間鋪設臥床衣架。隨身受用之具。法座上掛眞。法堂上用素幕。白花燈燭。供養之物。眞前鋪道場法事。小師在龕幃之後幕下。具孝服守龕。法堂上安排了。喪主已下禮眞訖。然後知事頭首孝子大衆。與喪主相見。喪主已下次第相慰。

（遺体を龕に納めるとき、尊宿のひとりに依頼して遺体を移す。そのとき法語を唱えてもらう。龕を法堂の西の部屋に置く。東の部屋には故人が日常の行住坐臥に用いた道具をならべ、住持が坐した法座の上に「真」すなわち故人の肖像を描いたものを掛ける。法堂には無地の幕を掛け、白い花と灯明と供養の品々を道場内の真の前にならべて法事を行なう。喪主は龕幃のうしろの幕の下におり、孝服をまとって龕を守る。法堂で準備が終了すると、導師につづいて故人の肖像に礼拝する。その後に知事・頭首・孝子・大衆の弔問を導師が受け、ともになぐさめあう。）

ここには「龕に入れし時、尊宿一人を請して霊座を挙ぐ」とあり、割注に「当に法語有るべし」とある。この入龕にあたって尊宿のひとりが法語を唱えた。現在は香語という。香を焚きつつ語るためである。法語を唱える箇所がこれから後いくつか出てくるが、これは儒教の葬送儀礼に対応するものがない。禅宗独自の作法と言える。しかしそれ以外はおおむね儒教の作法を踏襲している。成河峰雄の主張したとおり、儒教儀礼の叢林化と言われる理由はここにあろう(6)。

このとき法語を唱える尊宿を依頼するのは、後に出てくる小師である。孝子も同じである。父母や師の喪に服するのだから、これが今言う喪主にあたる。

ついで「法堂の上、西の間に龕を置き、東の間に臥床・衣架・随身受用の具を鋪き設け、法座の上に真を掛く」とある。遷化の場所は方丈であるが、龕を移して儀式が行なわれる場所は法堂である。そこは住持が説法を行なう場所である。後述する臨済宗の学僧無著道忠が著した禅語辞典『禅林象器箋』に「大法を演説するの堂なり。故に法堂と云う」とある(7)。住持の住持たる場所にほかならない。『儀礼』では適寝で亡くなった主人の遺体を正装させたあと、堂上に移してそこでもろもろの儀式を行なった。遺体を横たえるのも生前の主人が用いた阼階の上である。遺体を柩に納める殯が完了すると、柩を西階の上に移した。ここでも同様に入龕した住持の遺体を法堂の西側に置くという。

法座の上に「真を掛く」とある。これを掛真と呼ぶ。真は故人の肖像を描いたもので、『禅林象器箋』に「遷化尊宿の肖像なり」とある。(8) のちには頂相と呼んだ。『儀礼』では遺体を正装させる襲の儀式のあと全身を冒で包むとあった。もはや故人の顔は見ることができない。そこで霊魂を依らせるものとして重が設けられ、蓆で覆って左前に合わせて死者にかたどらせた。禅宗ではこの重を設ける代わりに真を掛けた。(9) 入龕によってもはや住持の姿は見えなくなる。そこで掛真を行なったのである。儒教の設重に対応するのが禅宗の掛真ということになろう。

禅宗では教えの系統を重んじる。そこでは祖師像がことのほか重要となる。真はその祖師像にほかならない。開山の祖師像は教団の法幢として大殿堂に掲げられる。つまり掛真されるのである。法幢とは大法すなわち大いなる教えがそこにあることを表明する旗である。これは巨大な幅物であった。

真は葬列のとき真亭に入れて運ぶ。これは香炉を運ぶ香亭と対になっている。『禅林象器箋』に「亡き尊宿の真影を掛くる器なり」とある。その形は四本柱を立てた亭のようだという。そのうえで明の隆慶元年（一五六七）に皇族の遺体を陵墓に葬るとき、真亭に神位を設けたという記事を引いている。(10) また、宝暦二年（一七五二）に面山瑞方が撰述した『洞上僧堂清規考訂別録』は、真亭と香亭について「もと儒家の霊車と香案に擬す」と記している。(11) 仏教の葬列に真を載せて運ぶのと同じことが、儒教にもとづく俗人の葬儀でも行なわれた。なお『禅林象器箋』の撰者無著道忠は、後述する『小叢林略清規』に真亭の図を載せている。(12) 今では葬儀のとき祭壇に遺影が飾られる。故人の写真を額に入れたもので、葬列では位牌のあとにつづいて運ばれていく。その源流はここにさかのぼることができよう。

ついで「法堂の上に素幕・白花・灯燭・供養の物を用い、真前に道場を鋪して法事す。小師は龕幃の後の幕下に在り、孝服を具して龕を守る」とある。法堂に幕を掛けるのは『儀礼』で堂に帷をめぐらしたのとひとしい。白い花を供養するのは、ブッダの入滅の日に沙羅双樹が時ならぬ花を咲かせた故事に由来する。話のもとはパーリ語の『涅槃経』にある。いわく、「ふたつならんだサーラの木に、季節でないのに花が咲きほこった。花はブッダの身に降り落ち、降りかかり、降りそそいでブッダを供養した」とある。(13) ここでは花の色は記されていない。のちに沙羅双樹がにわかに白く変じたという話が加わった。『大般涅槃経後分』には「その樹即時に惨然と変白し、猶も白鶴の如し」とある。(14) この経典は唐の麟徳年間（六六四〜六六五年）に漢訳されている。(15)

ついで小師すなわち喪主が「孝服を具《ととの》え龕を守る」とある。これも儒教儀礼の踏襲であることは言うまでもない。ついで「法堂の上に安排し了り、喪主已下、真を礼し訖《お》え、然して後に知事・頭首・孝子・大衆は喪主と相い見て、喪主已下、次第に相い慰む」とある。法堂で行なわれる葬儀の準備がととのうと、導師につづいて参列の人々が故人の肖像に礼拝する。それからあとは弔問がくりかえされる。「尊宿遷化」はつづいて言う(16)。

起龕之日。本院隨力作一大齋。襯施重於尋常。至時請尊宿一人擧龕。當有法語。孝子幷行者。圍繞龕後。次喪主已下送。孝人及本院大衆等。相繼中道而行。官員施主。在大衆左右並行。尼師宅眷隨在末後送葬。若焚化。卽請尊宿一人擧火。當有法語。若入塔。卽請尊宿一人下龕。當有法語。又請尊宿一人撒土。當有法語。然十念等如亡僧之禮。本院應散念佛錢。歸院請尊宿一人掛眞。當有法語。且就寢堂内安排。喪主已下禮眞相慰而散。知事頭首孝子等。早暮赴眞前燒香。及齋粥二時隨衆供養。候新住持人入院。有日則移入眞堂。

(龕を葬る日は斎を行なってから葬送に向かう。通常よりもふるった斎が出される。尊宿のひとりに依頼して、法堂の西側に置いてあった龕を持ちあげる。そのとき法語を唱えてもらう。喪主をはじめとして龕を囲み、導師にしたがって葬列をなす。本院の大衆らがつづき、官員と施主は大衆の左右にならんで進み、尼師と宅眷は末尾について葬列をなす。火葬ならば尊宿のひとりに依頼して遺体に点火する。そのとき法語を唱えてもらう。土葬ならば尊宿のひとりに依頼して龕を土のなかに下ろす。そのとき法語を唱えてもらう。さらに尊宿のひとりに依頼して土を撒く。そのとき法語を唱えてもらう。最後に十念を行なう。亡僧の葬法のごとくである。ついで念仏銭を分配する。寺院にもどってから尊宿のひとりに依頼して寝堂で掛真を行なう。そのとき法語を唱えてもらう。寝堂のしつらいをととのえたのち、導師にしたがって真に礼拝する。喪主をなぐさめ、それから解散する。知事と頭首と喪主らは朝晩、真の前で焼香し、衆僧とともに朝と昼の二回に粥飯を供養する。新しい住持の着任を待って、もしくは日数が多くかかるときは住持がおらずとも、真を寝堂から真堂に移動する。）

ここには「起龕の日、本院力に随いて一大斎を作す。襯施は尋常より重し。時至りて尊宿一人を請して龕を挙ぐ。当に法語有るべし」とある。起龕とは、龕を葬るためにかつぎ出すことで、その前に行なわれる法事をさしていう。挙龕とも言う。通常よりも豪勢な斎が出される。斎は法事のおりに寺で出される食事をいう。俗に言う「おとき」である。それから法堂の西側に置いてあった龕を挙げて葬送となる。のちには葬儀を終えて叢林に帰ってから斎がふるまわれるようになった。今ならば精進落としにあたる。

ついで「孝子ならびに行者は龕の後に囲繞し、次に喪主已下は送る」とあり、以下に龕に後続する葬列の次第が記してある。『禅苑清規』では葬送とこれにつづく埋葬の次第はいたって簡略である。あとで取りあげる日本の清規ではもっとくわしい。

ついで「若し焚化せば、即ち尊宿一人を請して火を挙ぐ。当に法語有るべし。若し塔に入れば、即ち尊宿一人を請して龕を下す。当に法語有るべし。又、尊宿一人を請して土を撒す。当に法語有るべし。然して十念等は亡僧の礼の如くし、本院は応に念仏し銭を散ずべし」とある。焚化とは火葬のことである。土葬の場合には龕を下ろして墓に納める。これを入塔という。塔は卒塔婆すなわち墓である。いずれの場合も終了後は尊宿に法語を唱えてもらう。最後に十念を行なうとある。十念とは阿弥陀仏の名を十遍唱えることである。やがて禅宗のなかにも浄土信仰が入りこむ。これはその先蹤と考えられている。葬儀の後に念仏銭を分けるとある。これは僧侶に対する謝礼の金銭である。阿弥陀仏の名を唱えたあとで出されるから念仏銭の名があるという。

ついで「院に帰り尊宿一人を請して真を掛く。当に法語有るべし。且《しばら》く寝堂の内に就て安排し、喪主已下は真を礼し、相い慰めて散ず。知事・頭首・孝子等は早暮に真前に赴いて焼香し、及び斎粥の二時、衆に随いて供養す。新住持人の入院を候《ま》ち、日有って則ち真堂に移し入る」とある。寺院にもどってからふたたび住持の肖像を掲げる。すなわち掛真するのである。場所は寝堂に変わる。寝堂は古代中国の寝に相当する。そこは住持の居室である方丈に接している。『禅林象器箋』に「住持の正寝の堂なり」とあり、旧説に曰くとして「寝堂に連ねて方丈あり。蓋し寝堂は住持講礼の処」とある。(17)住持を葬ったのちは、亡き住持の肖像画である真に対してあたかも住持につかえるがごとくに奉仕する。叢林では朝に粥をすすり昼に飯を食す。あわせて粥飯という。

寝堂に掛真し斎粥の供養がつづく。『儀礼』では葬送後に虞祭がくりかえされ、そのあいだ重がありつづけた。虞祭が終われば重は地面に埋められ、主がそれに代わって立てられた。主は祠堂に移して祀られる。禅宗では真は寝堂に置かれ、新しい住持の着任後は「真堂に移し入る」という。真堂とは開山ならびに歴代住持の真を祀る場所である。この真堂こそ儒教の祖廟にほかならない。やがて位牌が祀られるようになると、真堂を祖堂と呼ぶようになる。祖堂には歴代住持の位牌が置かれた。この真堂への移動はまったく『儀礼』の影響を受けたものと言ってよい。(18)

三　亡僧の葬儀作法

叢林の住持は尊宿であり、その死を遷化というのに対し、住持にいたらない修行者は亡僧であり、その死を初化という。『禅苑清規』では「尊宿遷化」の章に先立って「亡僧」の部があり、より簡略な亡僧の葬法が説かれている。次のように言う。[19]

亡僧初化。即澡浴剃頭披掛子坐桶内。以龕貯之。置延壽堂前設香花供養。幷剪造白幡書無常偈。及置佛喪花於龕上。題云歿故某人上座之靈。集衆念誦。是夜。法事誦戒廻向。來日早晨。或齋後津送。

（亡僧が初化したならば、すぐに遺体を沐浴し剃髪したのち掛子を掛け、坐禅したまま桶に入れる。それを龕に納めて延寿堂の前に置く。香と花をささげて供養する。白い幡をこしらえ無常偈を書く。仏喪花を龕の上に置く。「歿故某人上座の霊」と題し、衆僧を集めて龕の前で念誦する。その夜は法事を行ない、誦戒して廻向する。翌日の早朝もしくは朝斎のあとで遺体を送る。）

ここには「亡僧の初化せば、即ち澡浴し剃頭し掛子を披け、桶の内に坐せしめ、龕を以て之を貯《おさ》め、延寿堂の前に置く」とある。沐浴と剃髪を行ない、ついで掛子をまとわせる。掛子は絡子あるいは掛絡ともいう。五条袈裟を小振りにしたもので、禅僧が普段用いる袈裟である。尊宿の場合と同じく坐禅のままの姿勢で入龕すなわち納棺する。延寿堂は病気の僧侶が療養するための建物である。快癒せずに亡くなると、そのまま延寿堂で葬儀がいとなまれる。尊宿の場合は居室である方丈で遷化したのち、説法の場である法堂に移して葬儀がいとなまれた。しかし亡僧の場合は初化の場所がひきつづき用いられる。

ついで「香花を設けて供養し、幷に白幡を剪造して無常偈を書し、及び仏喪花を龕上に置き、題して歿故某人上座の霊と云い、衆を集めて念誦す。是の夜、法事し誦戒し廻向す。来日の早晨、或は斎後に津送す」とある。無常偈は諸行無常偈あるいは雪山偈と呼ばれ、「諸行無常。是生滅法。生滅滅已。寂滅為楽」と記す。もろもろのことにありつづけるものはない。これこそ生じれども滅びる世のありようである。生じては滅び、滅んで終わる。何もかも滅び去ったところにやすらぎがあるという。五世紀に漢訳された阿含部の『大般涅槃経』が直接の典拠であろう[20]。仏喪花は前述した白い花である。

唐の道宣が乾封二年(六六七)に撰述した『祇洹図経』つぶさには『中天竺舎衛国祇洹寺図経』は、インドのコーサラ国にあったという祇園精舎の無常院について記している。精舎の西にその堂が置かれ、四隅に水晶の鐘が掛けてあった。堂に移された病気の僧侶は臨終のきわに鐘が鳴るのを聞く。諸行無常の偈が響きわたり、「病僧は音を聞き、苦悩は即ち除かれ清涼の楽を得る。三禅に入るが如く浄土に生じ垂んとす」という。[21] 叢林の延寿堂に無常偈を掲げる由来はここに求められよう。この伝承は日本に伝わった。『往生要集』の写本のひとつである最明寺本に、「祇園寺の无常堂の四の隅に頗梨の鐘有。鐘の音の中に亦此偈を説く。病僧音を聞きて、苦悩即除コテ（マヽ）、清涼の樂を得こと、三禪に入り浄土に生れむと垂るか如し」とある。[22] 無常院のことはさらに後述したい。

清規にもどる。入龕後に「歿故某人上座之霊」と題するのは、『儀礼』において殯のあと柩のかたわらに銘を立てたことと共通する。このときまだ位牌は用いられていないが、この文言がのちの位牌に記される書式の基本になっていく。松浦秀光の指摘するとおりであろう。[23]

尊宿は一山の主人である。俗世でいえば一家の主人にあたる。それに対応するごとく尊宿の葬礼は家主を対象とした『儀礼』にもとづいて制定されている。亡僧は叢林の主人ではないから、その葬儀はおのずから異なったものとなる。そこには『儀礼』の殯に相当するものがない。尊宿遷化の場合は、殯と同じく三日目に入龕し、龕を法堂の西側に置いた。これは殯を終えた柩を西階の上に移すのにならっている。

亡僧が亡くなった日の夜、「法事し誦戒し廻向す」とある。なぜその日の夜に誦戒するのか。その理由は後述したい。遺体を送ることを叢林では津送と呼ぶ。津は船着場である。人を送って津までいたり、そこで別れるためだという。あるいは人が去っていくのを船が津を出るのになぞらえたともいう。[24]「亡僧」はつづいて言う。[25]

至日維那。於粥飯遍槌罷。或行襯罷白槌一下云。大衆粥後。或齋後。聞鐘聲。各具威儀普請送亡僧。除諸寮頭首。並皆齊赴。謹白。打槌一下。維那乃於聖僧前問訊。復於住持人前問訊。巡堂一匝。如堂外有僧。亦當問訊。除後僧堂。時至鳴鐘龕前齊集。住持人已下。次第燒香。維那念誦竟。鳴鼓擧龕前行。大衆隨後把幡。提磬香爐香臺法事。庫司知事預前。差撥行者。直歳部領擧龕。准備柴薪壇前。一宗諸事並皆主之。既至塔頭。住持已下燒香。略聲法事下火訖。當有法語。十念阿彌陁佛。再聲法事罷散。或有諷經。各隨自意。

（翌朝に［指導僧である］維那が朝食の合図の槌を打ったのち、もしくは斎の合図の槌を一打くだしたのち告示して言う。「大衆は粥の後に、或いは斎の後に、鐘声を聞かば、各の威儀を具え普請して亡僧を送る。諸寮の頭首を除き、並《すべ》て皆な斉《ひと》しく赴け。謹んで白す」と。槌を一打くだす。維那は聖僧の前で［合掌低頭して］問訊し、住持人の前で問訊する。堂をひとめぐりして外堂で問訊する。鐘を鳴らし、龕の前にいっせいに集まる。住持以下は焼香する。維那は念誦する。太鼓を鳴らし、龕を持ちあげて進む。大衆は後にしたがい、幡をたずさえ、磬と香炉と香台をささげて法事を行なう。［財務監督である］庫司知事はあらかじめ見習僧を遣わして［普請をつかさどる］直歳に場所をととのえさせ、龕を持ちあげて柴薪を壇の前に準備させる。塔頭にいたったならば、住持以下は焼香し、法事を行なう。遺体に点火し終えたのち、そのとき法語を唱えてもらう。阿弥陀仏を十たび念ずる。ふたたび法事を行なってから散ずる。あるいは読経してもよく、各自の意志にしたがってよい。）

ここには「日に至りて維那、粥飯の遍槌の罷《のち》に、或は行襯の罷に於て白槌一下して云う」とある。維那は叢林の綱紀をつかさどる役職者である。修行僧の指導にあたる。維那は槌で木板を叩いて葬列の出発を号令する。ついで「槌を打つこと一下、維那は乃《すなわ》ち聖僧の前に於て問訊し、復た住持人の前に於て問訊し、巡堂一匝す。如《も》し堂の外に僧有らば、亦た当に問訊すべし。後、僧堂を除く」とある。維那は住持に問訊し、僧侶に問訊し、堂をひとめぐりしたのちまた問訊する。問訊は叢林の礼法である。合掌し頭を垂れて敬意を表することをいう。

ついで「時至りて鐘を鳴らすに龕の前に斉しく集す。住持人已下は次第に焼香し、維那は念誦し竟りて、鼓を鳴らし龕を挙げて前《すす》み行く。大衆は後に随いて幡を把り、磬・香炉・香台を提げ法事す」とある。葬列に香炉をたずさえる。これは長い伝統がある。劉宋の孝建二年（四五五）に沮渠京声が漢訳した『浄飯王般涅槃経』は、ブッダの父である浄飯王の葬儀のようすを伝える。「如来躬《みずか》ら手に香炉を執り、喪前に在りて行き出でて葬所に詣ず」とある。(26) ブッダはすでに出家の身であった。そのとき香炉を手にして葬列に連なったという。

ついで「庫司知事は預め前に行者を差撥し、直歳に部領して龕を挙げ、柴薪を壇前に准備す。一宗の諸事、並て皆な之を主どる。既に塔の頭《ほとり》に至らば、住持已下は焼香し、略して法事を声し火を下し訖り、当に法語有るべし。阿弥陀仏を十念し、再び法事を声し罷って散ず。或は諷経有り、各《なら》の自らの意に随う」とある。庫司知事は叢林の財政をつかさどる役職者。行者は修行者見習である。直歳は普請作務を管掌する。諷経は読経のことである。

尊宿遷化では仏事があるごとに法語を唱えた。これが尊宿の葬儀における特徴であることはすでに述べた。ところが亡僧の場合は火葬後にひとたび法語を唱えるだけである。その代わり亡くなった日の夜に龕前で念誦し、さらに翌朝葬列が組まれる前に念誦した。阿弥陀仏の名号を唱えて浄土への往生を願ったのである。前述のとおり、中国の叢林に浄土信仰への傾斜があった。『禅苑清規』の記述からそれが知られよう(27)。

なお亡僧にかかわるすべての記事の末尾に「律に准《のっと》り死屍ならびに衣物並《すべ》て塔下を過ぐるを得ざれ、また塔下に於て死屍を焼くを得ざれ」とある(28)。これは『四分律』の規定をいう。在俗の信者がブッダの墓となる塔を築いて供養することを望んだ。ブッダは塔の設置を許したが、塔内に止宿することを禁じた。さらに臭気をふせぐため塔の下を遺体や故人の衣服をたずさえて通ることも、周辺で埋葬や火葬を行なうことも禁じている(29)。『四分律』は後秦の弘始十四年(四一二)に漢訳された(30)。中国仏教でもっとも重んじられた律典のひとつであり、『禅苑清規』亡僧の部はその規定を最後に示したのである。

四　祇園精舎無常院

前述の無常院については、道宣の『四分律刪繁補闕行事鈔』(以下『行事鈔』と略称)にも記事がある。

仏教の律典は経典と並行して中国に伝えられた。五世紀には『四分律』『五分律』『十誦律』『摩訶僧祇律』のいわゆる広律があいついで漢訳される。このうち『十誦律』は南北朝時代に盛行し、インド撰述の注釈も漢訳された。隋唐以降は『四分律』が興隆したが注釈がそなわっていない。そこで四分律宗を大成した道宣によって『行事鈔』が撰述された。これは『四分律』を基本としつつも諸書をあまねく参照し、中国の僧院生活に即した律の規範を確立させたものである。唐の貞観四年（六三〇）までに完成し、同十年（六三六）に修訂を終えたとされる。(31)

祇園精舎の名は『四分律』に見える。しかし無常院の名は見えない。中国で加えられた記事ではないか。道宣が『祇洹図経』に記すところでは、精舎の西側には無常院のほかに陰陽書籍院があったという。ここには陰陽にかかわるあまたの書籍が蒐集され、鼓の音が百億世界の「陰陽異術」の教えをひびかせるとある。(32) これまた中国起源の記事にちがいない。

無常院のことは『行事鈔』のうち病僧の介護と葬送の次第を記した「瞻病送終篇」に出ている。次のように言う。(33)

［安置處所］若依中國本傳云。祇桓西北角日光沒處爲無常院。若有病者安置在中。以凡生貪染。見本房内衣鉢衆具多生戀著。無心厭背故。制令至別處。堂號無常。來者極多。還反一二。卽事而求專心念法。其堂中置一立像。金薄塗之。面向西方。其像右手擧。左手中繋一五綵幡脚垂曳地。當安病者在像之後。左手執幡脚。作從佛往淨刹之意。瞻病者燒香散華莊嚴病者。

（［病僧を安住させる場所について］中国の「本伝」によるならば、祇園精舎の西北の隅、日が沈む方角に無常院を設け、病の者があればそこに安住させた。おしなべて煩悩にとらわれる者が寺房に袈裟と鉄鉢が揃っているのを見て執着の心を生じ、世を厭う思いが起きぬことのないよう別の居所への移動を定めた。その堂を無常と呼んだ。ここに来る者は数知れず、［寺房へ］もどる者はわずかである。事をわきまえ心をもっぱらにして教えに思いをいたすため、堂のなかに立像を一体置き、金箔でこれを覆い、正面を西に向ける。像の右手をかかげ、左手に五色の布紐をかけ、その端が垂れて地に曳くようにする。臨終の者を安らかにするため像の背後におらせ、左手に布紐の端を握らせて、仏にしたがい浄土におもむく想いを抱かせる。介護する者は香を焚き花を散らし、病者の身辺をととのえる。）

ここには「［安置の処所は］若し中国に本伝に依らば云う。祇桓の西北の角、日の光の没する処を無常院と為し、若し病む者有らば安んじ置きて中に在《お》らす。凡そ貪染を生じるは、本房の内に衣鉢の衆具するを見て多く恋著を生じ、厭う心に背くこと無からん故を以て、制して別処に至らしむ。堂を無常と号す。来たる者極めて多く、還反するは一二のみ」とある。中国の「本伝」とは何か。宋の元照による『行事鈔』の注釈書『四分律行事鈔資持記』（以下『資持記』と略称）は「壇経のいわゆる別伝がそれである」とした(34)。しかしその名称は明らかにしていない。藤善眞澄によれば、道宣が『祇洹図経』を撰述するうえで依拠した北斉の霊裕の『聖迹記』もしくはその引用文献をさすという(35)。『聖迹記』は散逸して伝わらない。『祇洹図経』に「裕師また説く」として聖人病坊院の名をあげているのも同様であろう。[36]『資持記』は無常院について「今は延寿と号す」と注している。[37]延寿堂の名は『禅苑清規』亡僧の部に出ていた。

ついで「事に即し而して専心に求め法を念ず。其の堂の中に一の立像を置き、金薄にて之を塗り、面を西方に向く。其の像の右手を挙げ、左手の中に一の五綵の幡を繋ぎ、脚は垂れて地に曳く。当に病む者を安んぜんと像の後に在らせ、左手に幡の脚を執り、仏に従い浄刹に往く意《おもい》を作さしむべし。瞻病の者は焼香し散華して病む者を荘厳す」とある。中国における浄土信仰の隆盛を前提とした記述であることはまちがいなかろう。ここに立像とあるのを『資持記』は「弥陀」の像とする。[38]阿弥陀像の手に五色の布紐をかけてその端を臨終の者に握らせる作法は『往生要集』に記され、日本でも流行していく。[39]

次に『行事鈔』は臨終のとき「無常の磬」を打つと述べる[40]『祇洹図経』には堂の四隅の鐘が鳴り無常偈を響かせるとあった。『行事鈔』はつづけて葬送の次第に移る。次のように言う。[41]

明送終法。然僧法儀式遠存出離。送終厚葬事出流俗。若單省隨時則過成不忍。必虚費莊飾便同世儀。今當去泰去約務存生善。就中分二。初將屍出法。二明葬法。初中當從像前輿屍至廊舍下。外安障幔圍之。内作絹棺覆屍。當以竹木爲骨。仍以麤衣覆屍上。

（死者を最後に送る法を明らかにする。知られるとおり僧侶にかかわる儀式ははるかに煩悩の世界を離れたところにあり、死者を最後に送るにあたり葬儀を豪勢にするのは俗世からはじまったことである。

もしも簡略にして時流に迎合するならそれは誤りであって忍びがたい。とはいえむなしく装飾をついやすなら世間一般と変わりがない。そこで奢侈からも過剰な倹約からも遠ざかり、死後に善処に生まれるよう配慮すべきである。その法をふたつに分け、第一に遺体を運び出す法、第二に葬送の法を明らかにする。第一の法では、まず像のもとから遺体をかついで堂の下に置き、外側は隔てるための幕でこれを囲んで安置し、内側は絹を貼った棺を作って遺体を納めよ。竹と木で棺の骨格を作り、加えて粗い布地の衣で遺体の上を覆え。）

ここには「送終の法を明す。然るべく僧法の儀式は遠く出離に存す。送終に葬を厚くする事は流俗に出づ。若し単《ひとえ》に省き時に随うは則ち過にして忍びざるものと成る。必ず虚しく荘飾を費すは便ち世儀に同ず。今当に泰《おごり》を去り約《つづめ》を去り務めて生善に存《おら》すべし」とある。葬儀を手厚くするのは俗世にはじまるという。もとより中国古来の儒教儀礼のあり方を批判するものだろう。僧侶の儀式はそれとは無縁であるべきだが、さりとて手薄に過ぎては故人の転生にさわりがあるという。

ついで「中に就て二に分つ。初めに屍を将いて出だす法、二に葬の法を明さん。初めのうち当に像の前より屍を舁《かつ》ぎ廊舎の下に至り、外には障ての幔にて之を囲み安んじ、内には絹棺を作り屍を覆うべし。当に竹木を以て骨と為し、仍《かさね》て麁衣を以て屍上を覆うべし」とある。中国では遺体を納める柩は棺槨を用いた。棺は内箱、槨は外箱をいう。絹棺とあるのは棺の内側に絹を貼ったものか。竹と木材で外枠をこしらえたのだろう。『資持記』に「絹棺は北地に尚《ひさ》し。此の間は多く木棺を用う」とある。[42]『儀礼』「士喪礼記」に牀《いげた》の寝台に竹製の笫《すのこ》の寝床を敷いたとあったのが想起される。それを寝室の窓の下に据えて遺体を移し、故人の日用の礼服をかぶせたのである。個々の事物は異なっていても作法の基本はほとんど変わっていない。

仏教にかぎらず教団の規則というのはその土地の風俗習慣に左右されるところが大きい。酷暑の地と寒冷の地では食物や衣服に関する規則が異なるのは当然であり、刑罰の規定はその国の法律と連動を強いられる場合がある。したがって戒律は伝わった先々で変質することが少なくない。[43]葬儀にかかわる条項もまたそれに準ずるだろう。かえりみれば律典の漢訳ならびに注釈は中国仏教の初期から営々とつづけられてきた。ここではわずか一、二の事例にふれたにすぎないが、儒教経典から禅宗清規にいたる葬送儀礼の展開過程にこの浩瀚な律の文献を位置づけることは不可欠の作業と考えられる。[44]

五　臨終と没後の授戒

宋代の叢林にもどる。そこでは亡僧初化の当夜に誦戒が行なわれた。これはなぜか。

インドの説一切有部で読誦された経典に『仏説無常経』（以下『無常経』と略称）がある。唐の義浄によって漢訳された。中国では葬儀の場で用いられる。北宋の天禧三年（一〇一九）道誠撰『釈氏要覧』に「毘奈耶に云く、送葬には苾芻の能う者をして無常経並びに伽他を誦せしめ、其れが為に呪願せよ」とある。[45]『無常経』は末尾に「臨終方訣」を附載し、出家在家を問わず臨終のおりになすべき作法を示してある。次のように言う。[46]

若見有人將欲命終。身心苦痛。應起慈心。拔濟饒益。教使香湯澡浴清淨。著新淨衣。安詳而坐。正念思惟。若病之人。自無力者。餘人扶坐。又不能坐。但令病者。右脇著地。合掌至心。面向西方。（中略）復令病人稱彼佛名。十念成就。與受三歸。廣大懺悔。懺悔畢已。復爲病人。受菩薩戒。若病人困不能言者。餘人代受。及懺悔等。除不至心。然亦罪滅。得菩薩戒。

（人の命がまさに尽きようとして心身ともに苦痛のようすに目にするとき、慈悲の心で末期の介抱にあたらねばならない。香湯で体を洗って清らかにし、新しい衣に着替えさせる。心おだやかに坐らせ、ひとえに仏道を思い念じさせる。もしも病人が自分の力で坐ることができなければ、他の者が介添えする。坐るのが無理であれば病人の右脇を下にして伏させる。合掌して心をひそめ、顔を西に向かせるがよい。（中略）また病人に帰依する仏の名を唱えさせ、仏国土に生まれ変われるよう念仏させる。仏法僧に帰依させたうえで懺悔させる。懺悔が終わればまた病人のために菩薩戒を受けさせる。もしも病人がみずから語ることができなければ代理の者がこれを受け、懺悔させてもよい。心を尽くしてさえいればその罪は消え、菩薩戒を得ることができよう。）

ここには「若し人有りて将に命終わらんとし、身心苦痛なるを見れば、応に慈心を起こし抜済饒益すべし。香湯もて澡浴して清浄ならしめ、新たな浄衣を著せ、安詳に坐せしめ、正念に思惟せしめよ」とある。臨終にあたり香湯をつかわせるという。『禅苑清規』に説かれた沐浴の先例がここにある。さらにその典拠は古くから伝わる別の仏典に求められよう。律部の『毘尼母経』に、ブッダが入滅したとき「種々の香湯を以て仏身を沐浴す」とある。(47) この経典は後秦の失訳とされるから、五世紀はじめには漢訳されていた。

ついで「若し病の人、自ら力無き者は、余人扶け坐せしむ。又坐すること能わざれば、但だ病者をして右脇を地に著け、合掌し至心に面を西方に向けしめよ」とある。命の際に西方浄土を念じさせるという。ついで「復た病人をして彼の仏名を称し、十念成就せしめ、与に三帰を受け、広大懺悔せしむ。懺悔畢りて、復た病人の為に菩薩戒を受けしむ。若し病人の困じて言うこと能わざる者、余人代わりて受け、懺悔等に及ぶ。至心ならざるを除き、然して亦た罪滅し、菩薩戒を得ん」とある。阿弥陀仏の名を唱え、懺悔滅罪をはたしたうえで菩薩戒を授かるという。つづけて言う。(48)

若送亡人。至其殯所。可安下風。置令側臥。右脇著地。面向日光。於其上風。當敷高坐。種種莊嚴。請一苾芻。能讀經者。昇於法座。爲其亡者。讀無常經。（中略）若聞經者。各各自觀己身無常。不久磨滅。念離世間。入三摩地。讀此經已。復更散花。燒香供養。（中略）然後隨意。或安窣堵波中。或以火焚。或屍陀林乃至土下。

（亡くなった人を送るにあたり、柩を安置するところに運んだのち、風下に静かに横たえて右脇を下にし、顔を日のあたる方に向ける。その風上に一段高い座をもうけ、さまざまに飾り立てる。読経にすぐれた修行僧を招請し、説法の座に登壇して亡くなった人のために『無常経』を読誦させる。（中略）この経典を聴く者は、それぞれにわが身が無常であり、いつかは滅びゆくことを思って世の執着を断ち、［悟りの境地に］専心するように念じよ。経典を読誦し終えたのち、ふたたび花を散らし、焼香して供養せよ。（中略）それから［故人の］思うところにしたがって遺骸を墓に納めるか、あるいは荼毘に附すか、あるいは林に葬るか土に埋めるかせよ。）

ここには「若し亡き人を送るには、其の殯所に至らば、下風に安んじ置きて側臥せしめ、右脇を地に著け、面を日光に向け、其の上風に於て、当に高坐を敷き、種々に荘厳すべし。一苾芻の能く読経する者を請じ、法座に昇りて其の亡者の為に、無常経を読ましめよ」とある。葬送にあたり僧侶に依頼して『無常経』を読誦してもらう。ついで「若し経を聞く者は、各々自ら己が身の無常にして、久しからずして磨滅するを観じ、世間を離れ、三摩地に入ることを念ずべし」とある。経を聞いて誰もが身の無常を感じる。三摩地はサマーディ。心をもっぱらにすることである。専心して悟りの境地にいたるという。

最後に「意に随いて、或は窣堵波の中に安じ、或は火を以て焚く。或は屍陀林ないし土に下す」とある。遺骸は故人の遺志に応じて墓に納めるか、もしくは火葬・林葬・土葬のいずれかにするという。屍陀林（あるいは尸陀林）は死体を捨てる林間の地で、寒林と漢訳される。この葬法については次章で改めて取りあげたい。

このように「臨終方訣」は出家と在家に共通する臨終作法を記している。出家の場合はともかく、在家の場合には生前に戒を授かっているとはかぎらない。永井政之によれば、かかる場合を想定した臨終作法がここに示されたのである(49)。『無常経』はインド撰述の仏典であるが、附載された「臨終方訣」は中国撰述に相違ない。撰述年代は不明だが、内容は『禅苑清規』の方が整理されている。『禅苑清規』亡僧の部に説かれた誦戒は「臨終方訣」の受菩薩戒の影響とされる。そうすると前者における誦戒の目的は、後者とひとしく滅罪ということが考えられよう。

没後の授戒については『梵網経』に語られている。つぶさには『梵網盧舎那仏説菩薩心地戒品第十』という。これまた中国撰述の経典、いわゆる疑経である。その第二十軽戒にあたる不救存亡戒に、「若し父母兄弟死亡の日は、法師を請じ菩薩戒経律を講ぜしめ、福を以て亡者を資《たす》け、諸仏を見たてまつり、人天上に生ずることを得しむべし。若し爾《しか》らずんば軽垢罪を犯す」とある(50)。親族が亡くなったその日に僧侶に依頼して菩薩戒を唱えてもらう。その功徳で天に生まれるようはからねばならない。『禅苑清規』でも亡くなったその日に誦戒するとあった。同じく戒を読みあげたのである。

戒を授かる。それによって仏弟子になる。すなわち出家者になる。戒を授かった出家者には仏弟子としての名があたえられる。戒名という。没後に戒名を授かる日本の風習はここからはじまった。

日本では授戒によって病気を治し、あるいは寿命を延ばすという信仰まであった。法然は安楽坊遵西の父である六条外記禅門のために逆修を行なっている。逆修とは生前にあらかじめ没後の仏事をいとなむことである。このとき生前戒名が授けられた。文永十一年（一二七四）に了慧道光が集録した『漢語灯録』に「此の逆修七七日間の供仏施僧の営は、即ち是れ寿命長遠の業なり」とある。(51)逆修は延命のためだという。もとより仏教の本来の教義にはない。それでも病気や死にかかわることのなかでこうした庶民信仰が重要な役割をはたしていたことは見逃せない。

『禅苑清規』は尊宿と亡僧の二種類の葬法を説いた。前者が修行を完成させた僧侶、後者が修行なかばで没した僧侶であることはすでに述べた。修行なかばということは、在家の信者もそれにひとしい。そこで亡僧の葬法を在家に準用した。これによって亡くなった在家の信者をいったん出家したことにし、そのあかしとして戒名を授ける葬儀の方式が確立した。かくして禅宗において制定された在家のための葬儀の方式が、近世以降の日本で普及する。これによって現代につづく仏式葬儀の基本的な形態が生まれたのである。

『禅苑清規』以後、南宋の咸淳十年（一二七四）惟勉撰『叢林校定清規総要』や元の至大四年（一三一一）沢山弌咸撰『禅林備用清規』に葬儀作法が記された。延祐四年（一三一七）中峰明本撰『幻住庵清規』に臨済宗の葬送儀礼が記された。そして至元四年（一三三八）に元朝勅修による東陽徳煇撰『勅修百丈清規』が完成する。この勅修清規に説くところが中国叢林における葬儀作法のひとつの到達点となった。

『禅苑清規』尊宿の部では、入龕後の法堂掛真と葬送後の寝堂掛真が説かれた。禅宗の掛真は儒教の設重にあたるものだった。儒教において一家の主人の霊魂を依らせる重が設けられたごとく、禅宗において一山の主人である住持その人を表した真が掛けられた。これは『禅苑清規』から『勅修百丈清規』にいたるまで一貫している。

『禅苑清規』亡僧の部では龕前念誦が説かれた。龕すなわち柩の前に香華を供養し、白幡に無常偈を書き、「歿故某人上座之霊」と題して龕前念誦が行なわれた。ここには真にあたるものはない。亡僧は主人ではない。したがって主人の肖像である真が掛けられることはない。龕に納められた遺体そのものが供養の対象である。これは『叢林校定清規総要』においても同様であった。ところが元代になると、真の代用として位牌が現れる。

『禅林備用清規』は亡僧初化の次第を記す。まず遺体を沐浴させ、髪を剃って衣を着せる。延寿堂に用意された龕に遺体を納め、卓を置いて位牌を立てるという。すなわち「維那提督、衣を著せしめ入龕し延寿堂中に置く。椅卓に位牌を鋪《なら》べ設け、香と灯を供養す」とある。位牌については割注に「新円寂某甲上座覚霊」とある。この文字を記せという。つづいて読経し、夜通し灯火をともすとある。[52] ここではじめて位牌が供養の対象として立てられた。

儒教の章で述べたとおり、宋代には卿大夫士すなわち官位のある人々が神版を用いていた。それは位板とも主牌とも呼ばれ、表面に「某之神坐」と記されていた。そこは神霊の坐《おわ》すところである。

今や禅宗でもこれをなぞるかのように位牌が設けられ、霊魂の「座」と記されるようになった。『幻住庵清規』も亡僧初化の次第を記す。沐浴と浄髪と著衣の後に入龕する。ついで龕の前に位牌を立てるという。すなわち「龕前に位牌一座を立つ。書して新円寂某上坐覚霊と云う」とある。[53] 文字は『禅林備用清規』と異ならないが、書式についてややくわしい説明が加わる。次のように言う。[54]

収骨皈供養諷經。回向但稱圓寂。不稱新圓寂。或諸方尊宿。就庵遷化。及本庵住持遷化。位牌但書道號。不書兩字名。惟書下字。或公或禪師。

（遺骨を収めて帰還したのち、供養し読経する。回向するときはただ円寂と言い、新円寂とは言わない。諸方の尊宿が庵で遷化した場合、また本庵の住持が遷化した場合、位牌には道号だけを書き、字《あざな》も名も書かずに、その下にはただ公あるいは禅師と書く。）

ここには「収骨して皈《かえ》り供養諷経す。回向は但し円寂と称し、新円寂と称せず」とある。位牌には「新円寂」と書くが、回向の読経のときは「円寂」とだけ言う。ついで「或は諸方の尊宿、庵に就いて遷化、及び本庵の住持遷化せば、位牌は但《た》だ道号を書し、両《とも》に字名は書さず、惟だ下の字、或は公、或は禅師と書す」とある。道号を書き、あるいは禅師と書く。この書式が近世の日本で位牌が普及するときにくりかえされていく。

亡僧の葬儀に位牌を用いることは『勅修百丈清規』に受け継がれた。そこでは「法座の上に真を掛け、位牌を安んず」とある。[55]『禅林備用清規』と『幻住庵清規』では龕の前に位牌を置いた。ここでは真の前に置くとある。かくして中国の叢林における葬儀の場で官人の神版に相当する位牌が用いられるにいたった。そしてこの伝統が日本にもたらされる。

第五章　仏教の葬送儀礼（下）

一　日本の叢林へ

日本に禅宗が伝わったとき、それは坐禅の宗教としてであった。道元の『永平清規』には「亡僧送津」の文字はあるものの、その次第については記されていない。清規は叢林における日常生活の規範をさだめた規則集であるから、たとえば禅堂における食事の作法を記した「赴粥飯法」などは『永平清規』のなかでも具体的な記述が多い。それでも作法の根底にある心構えにこそ重点が置かれている。これは清規の本源への回帰を志向したその精神からすれば当然のことであろう。

道元のめざす只管打坐にこそ禅の本質がある。そのことは次に紹介する臨済宗の僧侶たちも正当と認めていた(1)。ただ、どんな宗教も俗世とのまじわりを絶ち切ることはできない。曹洞宗第二祖の懐弉は師の語録『正法眼蔵随聞記』をまとめた人である。しかし弟子の徹通義介に対しては、「本清規これ有りと雖も、時の風俗に随い、現規を折中するは尤も大用なり」との指示をあたえた(2)。師の清規を重んじつつも世の習いに応じて折衷するのが肝要だという。懐弉を継いで第三祖となった義介は永平寺の経営に尽力して伽藍の偉容を整えた。山門を建立し祖師三尊を奉祀した。のみならず土地神や護法神まで山内に勧請した。道元が没してわずか数年後のことである。

教団の発展をめざす義介は、只管打坐の精神を遵守する一派に排斥された。永平寺を出て加賀の大乗寺に移る。その門から瑩山紹瑾が出て能登に総持寺を開いた。この人が曹洞宗第四祖である。高祖道元とならんで太祖と仰がれた。

太祖瑩山が元亨四年（一三二四）に制定した『瑩山清規』二巻は、『永平清規』にくらべてはるかに詳細な作法や行事次第が記してある。曹洞宗が興隆していく途上にあった太祖の清規は、高祖のそれとは異なって俗世への適用が意識されている。これがその後の曹洞宗の儀式に決定的な影響をあたえた。そこには中国叢林の伝統を踏まえて「尊宿遷化」と「亡僧」の部が立てられた(3)。ただし内容は『勅修百丈清規』にもとづいており、これをはるかに簡略にしたものである。位牌についての記述はない。

太祖瑩山の高弟である峨山禅師の門流が、北陸を起点に全国規模で教線を拡大した。地方の支配層や下級武士、さらに農民のあいだに曹洞宗が普及していく。これにはいろいろな理由が考えられる。授戒会を開いて叢林の生活規範を庶民の日常生活に浸透させたこと、神道や陰陽道から派生した民間信仰を取りこんだこと、さらには葬儀を積極的に推進して布教の手段としたことがあげられよう。このことは東隆眞が指摘した(4)。

曹洞宗の寺院では開山堂に高祖道元と太祖瑩山の両祖大師を祀っている。さらに寺院ごとの開山和尚の木像と位牌を安置し、左右に歴代住職の木像と位牌を配する。堂内の左右に段をしつらえて檀信徒の位牌を祀る。寺院によっては開山堂とは別に位牌堂を設けている。これは大規模なものが少なくない。大本山永平寺では祠堂殿と呼び、総持寺では放光堂と呼んでいる。収納する位牌の数量は徐々に増大していった。

禅宗の葬儀次第に関する詳細な規定は、近世以降に臨済宗において登場する。貞享元年（一六八四）無著道忠によって『小叢林略清規』三巻が著された。すでに出てきた『禅林象器箋』の著者である。道忠は妙心寺龍華院の第二世である。臨済宗の学僧としては鎌倉時代の虎関師練につぐ人物とされる。この書物は道忠が管轄した大叢林用の清規ではない。「自叙」に記すところでは、周防国の小禅院に赴任する兄弟子のために撰述したという。「遂《かく》して小刹の宜しく行なうべき所のものを折衷し、名づけて小叢林略清規と曰う」とある(5)。大叢林の清規と異なる小規模なものとみずから断じている。しかし近世以来これにならぶものはなく、現在にいたるまで禅宗清規の基本書として用いられてきた。

上巻は「通用清規」「日分清規」「月分清規」を収める。通用は日常の進退作法、日分は朝課の次第や参禅、月分は毎月恒例の仏事作法をあつかう。中巻は「臨時清規」を収める。得度式や遠忌など臨時の仏事作法をあつかう。下巻は「回向」を収める。諷経・念誦・祈禱など多岐にわたる回向文を記載する。巻末に「図式」がある。図解六十四点を収める。

中巻の「臨時清規」の最後に「送喪儀」すなわち葬送作法が収めてある。ここには『禅苑清規』以来の「尊宿遷化」と「亡僧津送」に加えて「在家送亡」が項目として立てられた。しかも中国禅林の清規と異なり、位牌が尊宿・亡僧・在家のすべてにわたって登場する。「尊宿遷化」入龕の条に言う(6)。

初報寂會裡衆。上方丈弔慰。小師等悲哀。不可露出奔譟。須法眷人著掛絡應對。小師親隨人候軀體煖氣盡。洗浴著衣淨髮。直裰掛絡數珠帽襪。整頓入龕趺坐。認面前龕外畫一大圓相。淨治一室爲寢堂。安龕以屛遶後立牌。幻住清規云。或諸方尊宿及本庵住持遷化。位牌但書道號。不書兩字名。惟書下字或公或禪師。陳爐華燭。鳴鐘集衆。入龕佛事。次維那誦念誦大悲呪回向。次再擧楞嚴呪。(中略)入夜念誦回向。小師直龕。

(最初に[住持が]亡くなったことが告げられると、門下の修行僧らは方丈にあがって弔問する。直弟子らは悲しみを顕わにして騒いではならない。兄弟子らは常用の袈裟をまとって対応するがよい。直弟子ら近しい者は遺体のぬくもりが消えるのを待って、洗い清め衣を替えて髪を剃る。直裰と掛絡と数珠と帽《ずきん》と襪《たび》をととのえ〔遺体とともに〕龕に納め坐禅の姿を取らせる。正面を確かめて龕の外側に大きく円相を描く。一室を掃除して寝堂をしつらえる。龕を安置して背後に屏風をめぐらす。そこに位牌を立てる。『幻住庵清規』に「諸方の尊宿が庵で遷化した場合、また本庵の住持が遷化した場合、位牌には道号だけを書き、字も名も書かずに、その下にはただ公あるいは禅師と書く」とある。香炉と紙花と燭台をならべる。鐘を鳴らして衆僧が参集し、入龕の仏事を行なう。ついで維那が念誦を行ない、「大悲呪」を回向し、ついでふたたび「楞厳呪」を唱える。（中略）夜になってから念誦して回向する。小師は龕のかたわらで宿直する。）

ここには「初め寂を報ずれば、会裡の衆は方丈に上り弔慰す。小師等は悲哀して、露出奔譟すべからず。須らく法眷の人は掛絡を著けて対応すべし。小師親随の人は軀体の煖気の尽くるを候《ま》って洗浴し、衣を著けしめ、浄髪し、直裰・掛絡・数珠・帽・襪を整頓して龕に入れ、趺坐せしむ」とある。寂は示寂。会裡は門下の修行僧。小師は直弟子のことである。『禅苑清規』では喪主を指していた。遺体に対して洗浴と著衣と浄髪を行なった。洗浴は儒教でいう沐浴、現在の湯灌である。浄髪は剃髪のことだが、日本の叢林では遺体に対してこの語を用いる。そのあと遺体を坐禅の姿で龕に納める。ついで「面前を認めて龕外に一大円相を画《えが》く」とある。正面を確かめて龕の外側に円相を描くという。円相は丸印である。悟りの象徴と説明される。叢林では円相をいろいろな機会に用いた。古くは北宋の景徳元年（一〇〇四）永安道原撰『景徳伝灯録』が記す慧忠国師伝に見える。「師は僧の来るを見て、手を以て円相を作し、相中に日字を書く」とある。(7)慧忠は唐の大暦十年（七七五）に示寂した。慧能大師の法嗣である。この円相を葬儀の場で用いたのは『小叢林略清規』が最初である。現在では位牌の戒名の上にこれを描くことが多い。天台宗や真言宗では梵字を記す。

ついで「一室を浄治し寝堂と為す。龕を安んじ、屏を以て後に遶《めぐら》し、牌を立つ」とある。部屋を掃除して寝堂をしつらえ、龕を安置して背後に屏風を立てる。そこに「牌」を置くという。そのあとに割注があり、前に引いた『幻住庵清規』の文章があげてある。尊宿住持の場合には位牌に道号を記し、名は記さず字か公もしくは禅師と記せという。本文には「牌」とあるが、割注には「位牌」とある。『禅苑清規』では尊宿遷化の後、遺誡の偈頌を牌に貼るとあった。ここでは位牌そのものにかかわる記事である。

ついで「炉華燭を陳《なら》ぶ」とある。香炉と紙花と燭台をならべるという。花は雪柳を用いた。これは葬儀のときに用いる紙花で、柳の枝葉にかたどったものである。『禅林象器箋』に由来が説明してある。昔は別れに臨んで柳の枝を輪にして贈った。それは「還るを期する」ためである。亡き人を送るのに雪柳を作るのも、また別れを惜しむからである。「因りて聖号を唱えてこれを棺上に投ず」という。ただ葬儀は「素を事とす」がゆえに、青々とした枝を用いずに白い紙でこしらえる。雪のようなのでこの名があるという。(8)また別の説明もあって、『洞上僧堂清規考訂別録』に「雪柳とは三月の比《ころ》、柳花の雪に似たるを云う」とある。(9)

ついで「鐘を鳴らし衆を集め、入龕仏事す。次に維那、念誦を誦す。大悲呪回向し、次に再び楞厳呪を挙ぐ」とある。鐘を合図に僧侶が参集し、維那が入龕念誦を行なう。「大悲呪」と「楞厳呪」を唱えて回向する。「大悲呪」は『大悲心陀羅尼』である。つぶさには『千手千眼観世音菩薩広大円満無礙大悲心陀羅尼経』という。「楞厳呪」は『大仏頂首楞厳陀羅尼』である。『大仏頂如来密因修証了義諸菩薩万行首楞厳経』に収める。いずれも今なお納棺のとき唱える経典である。その夜は小師すなわち直弟子らは龕を守って通夜をする。

次に葬列に用いる品々を準備する。これを営弁という。まず「大幡四首に無常偈を書し、龕の側に掛く」とある。さらに雪柳と炬と鎖子を用意する。炬は松明のことだが、木に朱を塗るか、赤い紙を貼って火になぞらえる。鎖子は龕を縛る鎖だが、これも木で作る。ついで真影と真亭と香亭を用意する。真影はすなわち肖像画である真。真亭は真影を載せる台である。真亭と香亭は『小叢林略清規』巻末の「図式」に挿絵がある。ついで法堂仏事簿と涅槃台仏事簿を用意する。仏事にたずさわる人の名を記した板である。これも挿絵がある。ついで布と藁筵《わらむしろ》と蠟燭と炭と柴《たきぎ》を用意する。布は四方に引きまわす幃幕に用いる。藁筵は化壇の下に敷く。化壇は遺体を載せる台である。涅槃台ともいう。「ひや」と訓ずる。火葬の場だからである。炭と柴は荼毘に用いる。さらに「此の外、喪儀の用うべき物件、化壇に赴く図を照して之を弁《ととの》えよ」とある。(10) 以上の配置の仕方が「図式」に示してある。

次に移龕の仏事が行なわれる。龕を寝堂から法堂に移すのである。『禅苑清規』以来の伝統にしたがって法堂に真を掛ける。しかし中国叢林の伝統とは異なり、そこに位牌を置く(11)。すなわち「方丈の東北の室を仮りて法堂と為す。上の間に床榻を設け、受用の器具を列すること、生あるに事《つか》うる礼の如くす。中の間に真を掛け、位牌を安んじ、前の卓に祭供を陳《なら》ぶ」とある。記述はほぼ『勅修百丈清規』のそれをくりかえしている。以下の設営の記述も同様である。ついで「鐘を鳴らし衆を集め、寝堂に就いて移龕の仏事す。仏事畢りて龕を法堂に移し、香・燭を絶やさず、茶湯・粥飯し供養諷経す」とある。これらの作法も『禅苑清規』をへて『勅修百丈清規』へ増広したところにおおむねたがわない。ただし葬儀後に設けられる斎の場にも真とともに位牌が置かれた(12)。

次に鎖龕の仏事が行なわれる。龕の蓋を閉ざすのである。蓋棺ともいう。ここまで「ひつぎ」に柩の字を用いてきた。引用した中国の文献にはおおむねこの字が用いられている。日本の文献では棺の字が多い。本来は棺槨に用いる字である。棺が内箱、槨が外箱であることはすでに述べた。以下は棺の字を用いる。

次に掛真の仏事が行なわれる。挙哀の仏事がこれにつづく。衆僧一同が「哀」の語を三たび発して故人をいたむ。次に奠茶湯の仏事が行なわれる。茶を霊前にそなえる。最後に真に礼拝したあと、龕を守って宿直する。「大悲呪」と「楞厳呪」を回向する。

翌朝、起龕の仏事が行なわれる。それから雪柳を一把たずさえ、鈴と鼓と鈸を鳴らして化壇におもむく。遺体を荼毘に附して収骨する。次に入塔の仏事が行なわれる。遺骨を卒塔婆すなわち墓に納める。焼香し諷経したのち、斎を設ける。最後に回礼が行なわれる。香奠をあらため、他山の僧に返礼するのである。

以上の「尊宿遷化」につづいて「亡僧津送」の次第が記される。『禅苑清規』と同様に尊宿の部を簡略にしてある。入龕と言わず入棺という。棺の正面に大円相を描く。ついで「一室を掃浄し延寿堂と為す。棺を置き屏を以て後を遶らす。前の几に牌を立つ」とある。延寿堂をしつらえ、棺を安置して屏風を立て、その前に卓を設けて位牌を置くという。割注に「新円寂某上坐覚霊」とある。ここでも本文には「牌」とある。しかし割注に記してあるのは位牌に書く文言に相違ない。ついで香と灯明をそなえる。「大悲呪」を唱えて回向する。同朋が通夜をする。(13)

二　在家の葬儀作法

次に『小叢林略清規』は「在家送亡」の次第を記す。中国の叢林では在家の葬儀は亡僧の作法が準用されていた。したがって特に在家のために項目が立てられることはなかった。日本の叢林において在家の葬儀次第が確立したのである。まず在家信者の臨終からはじまる。次のように言う。(14)

氣絶煖盡。舁尸到某寺。燒湯浴亡淨髪、安名授三歸五戒。拭浴衣巾與浴亡淨髪。提督著明衣。布帽書卍字抹亡者額。持數珠一串。項懸頭陀袋。實錢六枚。脚絆布襪裝脚。入棺封定。認面前棺外畫大圓相。棺蓋或傍書偈云。出離生死。入住涅槃。寂靜無爲。究竟安樂。以句句配書四方。掃淨一室爲靈堂。置棺屛圍之。前几立位牌。新物故某名靈位。香燈供養。諷經回向。直靈。粥飯茶湯。皆如亡僧。

(息絶えて体のぬくもりが消える。遺体をかついで寺におもむき、湯を沸かして沐浴させ髪を剃る。戒名を授けて三帰五戒を受けさせる。沐浴に用いた衣を[それに]たずさわった人にあたえる。浄髪に用いた手拭いを[それに]たずさわった人にあたえる。提調監督が明衣《かたびら》を着せて、布の帽子に卍字を書き、遺体の額にくくりつける。数珠を持たせ、頭陀袋を首からさげる。なかに銭六枚を入れておく。脚絆を結び、足袋を履かせる。棺に納めて封をする。正面を確かめ、棺の外側に大円相を描く。棺の蓋もしくは脇に偈を書く。「生死を出離し、入りて涅槃に住す。寂静にして無為、究竟に安楽す」と記す。これを書き写して所々に配る。部屋を掃除して霊堂をしつらえ、棺を安置して屛風で囲む、その前に卓を設けて位牌を置く。「新物故某名霊位」と記す。香と灯明を供え、経を唱えて回向する。霊前に通夜し、翌朝は粥飯を食べて茶湯を飲む。すべて亡僧のための作法のようにする。)

ここには「気絶えて煖尽く。尸を舁《かつ》ぎ某寺に到れば、湯を焼し亡《わか》を浴し浄髪す。名を安んじ、三帰五戒を授けしむ」とある。遺体を納棺する前に沐浴させて髪を剃る。そのうえで得度の授戒をさせ、そのあかしとして戒名を授けた。剃髪と授戒は在家信者であった故人を仏弟子とするための儀式にほかならない。これを葬儀のなかに組み込んで最初に行なうのである。現在は戒名を授けるのは通夜のときである。白木の位牌に戒名を記し、棺の前に立てることになっている。

ついで「拭浴せし衣巾を浴亡浄髪に与う」とある。洗浴に用いた衣と浄髪に用いた手拭いを介添え人にあたえる。これは湯灌の作法である。湯灌は遺体を湯で洗い、清らかな体にしてあの世に送り出す風習である。湯で灌頂の儀式を授けることからこの名がある。灌頂は頭に水を灌《そそ》ぐ儀式である。授戒のときに行なわれる。したがって本来は戒名を授かるのと一連の儀式であった。

ついで「提督をして明衣を著けしめ、布帽に卍字を書し、亡者の額を抹《く》る」とある。提督は提調監督をいう。明衣は経帷子《きょうかたびら》である。故人の額につける布に卍《まんじ》を書くという。これについて思い出されるのは、『方丈記』が伝える養和の飢饉のくだりである。うちつづく災禍に京の町は餓死する者であふれていた。仁和寺の僧侶が遺体を見るごとに額に「阿字」を書きつけたという(15)。梵字を額に記して仏縁を結ばせ、成仏を願ったのであろう。

ついで「数珠一串を持たしめ、項《くび》に頭陀袋を懸け、銭六枚を実《みた》し、脚絆、布襪《たび》を脚に装す」とある。遺体の手に数珠をかける。頭陀袋を首からさげて、なかに六道銭を入れておく(16)。脚絆を結び、足袋を履かせる。いずれも地域によっては今もそのままに行なわれている風習である。

ついで「棺に入れ封定す。面前を認《たしか》め、棺外に大円相を画く。棺の蓋、或は傍に偈を書して云う」とある。納棺のあと大円相を描くという。棺の蓋もしくは側面には偈を記す。偈文の範例が割注に示されている。「生死を出離し、入りて涅槃に住す。寂静にして無為、究竟に安楽す」とある。生死のくりかえしを脱し、もはや生まれ変わることのない境地にたどり着く。静まりかえって何も起こることはない。これこそ無上のやすらぎであるという。これは出典が知られていない。無常偈に説くところと同じく仏教の理想のありようではないか。

ついで「一室を掃浄し霊堂と為す。棺を置き屏もて之を囲み、前の几に位牌を立つ」とある。棺を安置する部屋をととのえ、卓上に位牌を置く。これは尊宿も亡僧も同様であった。尊宿は寝堂、亡僧は延寿堂、在家は霊堂がその舞台となる。位牌に記す文字は、割注に「新物故某名霊位」とある。これについては後述する。ついで「香灯を供養し、諷経し回向す。霊に直《とのい》す。粥飯し茶湯す」とある。割注に「皆な亡僧の如し」とあるが、亡僧の儀式とくらべてよほど簡略になっている。

次に営弁が行なわれる。葬列に用いる品々を列挙したなかに位牌の文字がある。「生絹で縫うこと嚢の如く、牌の全身を覆う」とある。(17) 白絹で袋をこしらえ位牌にかぶせるという。この段階では位牌は白木の仮位牌である。現在では、葬儀が終わったあとで遺骨を新しい位牌とともに安置して経を唱える。これを安位諷経と呼ぶ。

位牌を白絹で覆うことについては別に説明がある。「新亡の位牌に生絹を覆うは、亦た是れ霊床の幃幕の意なり。而して鬼神は幽陰を好めばなり」とある。(18) 亡くなったばかりの人の位牌を白絹で覆うのは、霊魂の依りつく座に幃《とばり》を掛けるためだという。儒教の葬儀の場でも堂に帷《とばり》をめぐらせた。前出の『礼記』「檀弓」鄭玄注に「鬼神は幽闇に処《お》る」とあった。ほの暗いところに死者の霊魂がやすらうためである。理由は後漢の時代といささかも変わりがない。

無著道忠は別に俗説をあげている。「然るに俗、呉王面を蔽いて子胥を見るを慚《は》ずを援《ひ》く。此れ亡者の咎を犯すと為すなり。一に何ぞ処し難し」とある。[19]中国は春秋時代の話である。呉王夫差は伍子胥にあわせる顔がないとして自害した。それにならって故人もまた生前の咎を恥じるのだという。位牌を絹で覆う理由をここに求めたわけだが、いかにも俗説に過ぎないと断じている。

この話のもとは春秋時代の諸国物語を集めた『国語』にある。[20]呉王夫差が越王勾践と戦って勝利した。夫差の参謀であった伍子胥は追撃を進言した。しかし夫差はこの進言をいれずに勾践をゆるした。それがためにやがて反撃にあい、大敗して自害した。もとの話はこれだけだが、のちに尾ひれが加わる。かつて呉王が越王に破れたとき臥薪嘗胆して復讐を誓ったことや、夫差が自害するとき伍子胥をはばかって布でみずからを隠した話ができあがった。これは元代に作られた『十八史略』に出ている。[21]原文には「幎冒」とある。幎は遺体の顔を覆う布で、冒は遺体を包む布である。どちらも『儀礼』に記されていた。『十八史略』は通俗書である。本家の中国では読まれなくなったが、江戸時代にさかんに出版された。道忠も読んだに相違ない。

現在では内位牌にかぶせる覆布は、仏に救いとられる前の妄執の姿を表すものと説かれている。[22]だから引導のとき取り除くという。道忠は位牌を絹で覆うことについて死者の霊魂が幽冥を好むからだとした。出典はあげてないが、前述のとおり確かな典拠が踏まえられている。

営弁を終えると鎖龕の仏事が行なわれる。ついで起龕の仏事が行なわれる。それから雪柳を一把たずさえ、桃灯と幡をかかえ、鈴と鼓と鈸を鳴らしながら化壇におもむく。いずれも亡僧の作法と同じである。

ついで「喪するに涅槃台に到り、龕は東より入り南を経て、西に向いて北に到る。是の如く三匝し、北のかた涅槃門に到り之を棁《おろ》す」とある。(23) 化壇にいたるには棺を東から右回りで三たびまわし、化壇の北側に設けられた涅槃門から入る。それから棺をおろすという。仏教では行道の作法として、右肩を内側に向けて三たび右回りする右遶三匝が行なわれる。常行三昧堂では阿弥陀如来像のまわりを右遶する。四門行道ではそれぞれ東西南北に設けられた発心門・修行門・菩提門・涅槃門の四門を右遶する。現在、葬場では棺を左回りに三たびまわすのがならわしである。これは民間の習俗として変容したものと考えられる。

ついで「炉・華・燭・湯瓶を龕前の卓上に陳《なら》ぶ。位牌を卓上に安んず。桃灯を龕前の左右に排す。天蓋は龕上を覆う。行者は衆の執る所の雪柳を集め、壇内に納む」とある。(24) 香炉と紙花と燭台と湯瓶を棺の前に置いた卓の上にならべ、位牌もそこに置く。桃灯は棺の左右にかかげ、葬列の人々が手にしてきた雪柳を集めて化壇のなかに入れるという。今も火葬のまえに棺を花で満たすことがくりかえされる。

位牌に記す文字については、『諸回向清規式』に詳細な範例が示されている。この書物は永禄九年(一五六六)に天倫楓隠が撰述した。著者の出自も法系も不明である。内容は仏事作法に加え、各種の回向文を大量に記載する。『小叢林略清規』と並んで現在も臨済宗法式の典拠とされる。出家在家の葬儀の法式とそれに用いる偈文、龕や幡に記す文案を示し、位牌に記す文字を項目別に列挙してある。

まず僧俗男女ともに戒名の上に記す文字が示される。置字という。「示寂」は東堂と西堂と前堂に用いる。東堂は先代住持、西堂は別寺院の前住持、前堂は僧堂前堂の首座である。四十九日の満中陰までは頭に「新」字を冠して「新示寂」とする。ただし収骨したあとはこの字をはずしてもよい。今は仮位牌にのみ記す。以下同様である。

現住持は「前住当山」として下に第何世であるかを記す。末寺に位牌を置くときは本山の名を記す。一般の僧侶は「円寂」「真寂」「帰寂」「入寂」「寂滅」「遷寂」などを用いる。皇室は「後某院太上法皇」を用いる。国主は「某院殿某官州名」を用いる。武家は「捐舘」「先考」を用いる。庶人は「帰空」「皈源」「帰故」「帰去」「帰西」「逝去」「逝矣」「還本」「過去」「西帰」「帰元」「遷去」「物故」「帰真」を用いる。山伏は「達故」を用いる。芸能者は「光故」「霊故」を用いる。熊野比丘尼など遊行の女芸能者は「順寂」「順去」を用いる等々である。(25)

次に僧俗男女ともに戒名の下に記す文字が示される。位号という。開山あるいは国師は「国師大和尚」を用いる。禅師は「禅師大和尚」を用いる。先代住持は「和尚大禅師」を用いる。修行者の首席である首座、経蔵を管轄する蔵主および一般の僧侶は「禅師」を用いる。武家などの俗人で参禅した者は「居士」を用いる。ただし国守は「大居士」を用いる。一般の武家は「信士」「信女」を用いる。身分の高い女性は「大姉」を用いる。小児は「童男」「童女」を用いる。山伏は「大徳」を用いる。行者は「浄人」を用いる等々である。(26)

次に僧俗男女ともに位号の下に記す文字が示される。底字という。尊宿および国主は「尊霊」を用いる。一般の僧侶および武家は「覚霊」を用いる。皇室は「尊儀」を用いる。身分の高い男性は「神儀」を用いる。女性は「淑霊」「淑儀」を用いる。庶人は「霊位」を用いる。荼毘に附す前に「霊」の一字を記し、三十歳以後であれば「位」字を加える。山伏は「淑山」を用いる。芸能者は「願位」を用いる。女芸能者は「幽霊」を用いる等々である。(27)

次に今上牌に記す「今上皇帝聖躬萬安」の文字が示される。皇室の長久を祈願する位牌である。両脇に「大檀那本命元辰」と「南方徳星君聖衆」の位牌が配される。以上を三牌と呼ぶ。『禅林象器箋』によれば、中国の叢林では中央に「皇帝万歳」と記し、その左（向かって右）に「皇后斉年」と記し、その右に「太子千秋」と記した。(28) 斉年は皇帝の万歳に斉《なら》ぶ謂である。次に施餓鬼位牌に記す「三界萬靈六道四生七世父母六親眷属」等の文字が示される。次に逆修寿牌に記す「逆修功徳主本命元辰　壽位」等の文字が示される。(29) 以上の文字が近世以降も位牌に用いられた。いくつかは現在にまでおよんでいる。なかに差別戒名につながる表現もあったことは留意すべきであろう。

三　位牌の伝来と普及

中国の叢林において葬儀に位牌を立てる作法が確立されると、それはほどなく日本に伝えられた。新たな清規の実践をめざす渡来僧や入宋僧が位牌祭祀の伝統をもたらしたのである。(30) 時代をさかのぼってその沿革をたどってみたい。

臨済僧白雲慧暁は文永三年（一二六六）に入宋し、帰朝後は東山の東福寺の住持となった。弟子がまとめた『仏照禅師語録』に位牌にかかわる記事がある。正応五年（一二九二）に東福寺第二世東山湛照の一周忌に際し、白雲は位牌を設けて法語を唱えた。「位牌を挙げて云う」とある。(31)これは元の至大四年（一三一一）に成立した前述の『禅林備用清規』に先立っている。清規に記載される以前に位牌の祭祀がはじまっていたことを示す貴重な証言といえよう。

位牌の伝来については儒教の神主が禅宗とともに日本にもたらされたという見解がほぼ定説とされてきた。留学先で儒教の葬儀に接した禅僧が伝えたというのである。(32)しかし残された文献の記述から判断するならば、すでに中国の叢林において葬儀で用いられていた位牌が、そのまま日本でも葬儀の場に登場したと考えてよい。

宋の臨済僧清拙正澄は嘉暦元年（一三二六）に北条高時の招聘で来日し、鎌倉の建長寺の住持となった。清規の刷新につとめ、その次第は『大鑑清規』に記されている。そこには「凡そ祖堂に入らば、当に一々歴代の位牌を平等に供養すべし」とある。(33)祖堂に納めた歴代住持の位牌はともども祭祀すべきことがここに説かれた。

叢林の葬儀に位牌を立てることが『禅林備用清規』に記され、それを踏襲した『勅修百丈清規』が至元四年（一三三八）に撰述された。元朝勅修のこの清規がのちの叢林の儀式に絶大な影響をあたえたことはすでに述べた。かくして中国の禅宗のもとで位牌の祭祀が定着したころ、ほとんど時をへだてず日本に移植されたのである。

洞院公賢の日記『園太暦』延文三年(一三五八)六月四日の条に位牌にかかわる記事が見える。この年の四月三十日に薨じた足利尊氏の仏事に際し、僧円忠が位牌に記す官位について書状でたずねた。公賢の返書には「位牌の事、僧家に任せられる外、子細ある可からず候」とある。僧家に委任するとのことだが、文案二種を示している。ひとつは「贈左大臣従一位長寿寺殿仁山義公尊」である。官位「左大臣従一位」の下に寺号「長寿寺殿」がある。つづいて道号「仁山」と法名「義公」である。もうひとつは「故征夷大将軍贈一位行左大臣」である。こちらは官名のみである。中国の官名で左丞相すなわち宰相にあたる。こうして和漢の二種が提案された。(34)

翌日、円忠からの返書があった。いずれも適当ではないという。あらためて書状の往復があった。(35)問題は寺号を位牌に記すことの是非である。これには先例が求められた。弘長三年(一二六三)に薨じた北条時頼の位牌には「最明寺」の寺号があった。弘安七年(一二八四)に薨じた北条時宗の位牌には「法光寺」の寺号があった。公賢はこれについて「是れ則ち先代最明寺法光寺、皆な以て寺号を位牌に於て載すの故に候」と述べている。先代北条氏執権はいずれも寺号を位牌に記したという。また、讃州禅門すなわち足利貞氏には「浄妙寺」の寺号があった。尊氏の父である。元徳三年(一三三一)に没した。武衛禅門すなわち足利直義には「大休寺」の寺号があった。尊氏の弟である。観応三年(一三五二)に没した。以上の先例をもとに、尊氏の位牌の文字は、「故征夷大将軍贈従一位行左大臣源朝臣長寿寺殿仁山義公霊位」と定まった。(36)

この『園太暦』の記事からは、尊氏の葬儀に位牌が用いられた事実だけでなく、鎌倉時代の執権にすでに位牌があったこともわかる。とはいえ人物の没年が位牌の制作年とはかぎらない。位牌が普及したのち遠忌にそなえたとも考えられる。少なくともこの記事によるかぎり、尊氏の位牌に先立つ事例があったことは確認できよう。ただしその時期は不詳とするほかない。

奈良市の元興寺極楽坊から発見された遺品のなかに位牌が多数あった。白木位牌で紀年銘のあるものが三十四点ある。もっとも古い紀年は貞和五年（一三四九）である。表面に「没故　尼……」とあり、裏面に「貞和五……」とあって下は欠損している。これは尊氏の位牌よりさらに十年近く古い。ほかは応永年間（一三九四〜一四二八）の遺品が多い。いずれも庶民の位牌ではなく僧侶や貴顕のものがほとんどである。黒漆塗りの雲形位牌には貞和三年（一三四七）と応安四年（一三七一）の紀年がある。表面に「物故正崇禅門明鏡禅尼覚霊位」とあり、裏面右側に「応安四年辛亥七月十六日西剋帰舜七十歳」とあり、左側に「貞和三年丁亥三月廿二日逝去五十二歳」とある。かならずしもこの年代に作られたとは決められない。今のところその形式などから、応安四年をあまりへだたらないころの遺品と推定されている。(37)

位牌を寺院に納めた場合、堂内が満杯になれば供養して焼却するのが普通である。元興寺に納めた位牌は地下に埋納されたので消失をまぬがれた。ただし一部に焼けた痕跡があるから、一度は焼却をはかったと推測されている。室町時代の位牌がまとまって残った例はほかにない。

臨済宗の学僧義堂周信の日記『空華日用工夫略集』に位牌に関する短い記事がある。応安四年

（一三七二）十二月三十日の条に「位牌、古は有ること無し。宋より以来、之れ有り」とある。(38)

応永十五年（一四〇八）五月八日に三代将軍足利義満が薨じた。薨去から初七日までの仏事を記した『鹿苑院殿薨葬記』がある。そのなかに「御位牌事」とあって、義満の位牌の文字が記してある。「新薨　鹿苑院准三宮従一位大禅定門　尊霊位」とある。これとは別に「等持寺御位牌銘」とあり、そこには「新捐館　鹿苑院殿准三宮大相国天山大禅定門　台霊」と記してある。(39)

長享三年（一四八九）三月二十六日に九代将軍足利義尚が薨じた。臨終から葬儀までの仏事を記した『将軍義尚公薨逝記』がある。葬列にあたり僧侶が幡と天蓋をかざし、鈸と鼓を鳴らしつつ南無阿弥陀仏を唱えて進んだ。そのとき「御位牌をば……ぞもたせ給べきに」とある。文字に欠落があるが、葬列に位牌をたずさえたことは知られる。ついで棺を綱で曳いて「火屋の中に入給ふ」とある。(40)位牌も棺の上に載せて荼毘に附したのか。そうであれば、かつて儒教の銘を柩とともに埋葬したのに相当するだろう。今言うところの野位牌にあたるのではないか。現在は野位牌は持ち帰って四十九日のあいだ供養棚に置くことが多い。(41)

天文元年（一五三二）成立の『塵添壒嚢鈔』に「位牌《イハイノ》事。過去《クハコ》ノ人名ヲ書ク」とある。上に「物故」と書くことについて、「物」は「没」と同じ意味だがあえてこの字を用いるのはなぜかと問うている。さらに「但シ位牌ト云事。禅家ニ好用ル儀歟。正道ノ古所ニ无事也ト云《ヘ》リ。先代ノ中比ヨリ早《ハヤ》アリケルニヤ」とある。位牌は叢林で用いるならいだが、古くからの伝統だったわけではない。「先代」つまり鎌倉将軍の時代にはすでにあったのかと問うている。(42)

天文十九年（一五五〇）五月四日に十二代将軍足利義晴が薨じた。最晩年から薨去をへて中陰までの仏事を記した『万松院殿穴太記』がある。義晴は近江国穴太で薨じたのち遺体は東山の慈照寺に移された。銀閣のある寺である。沐浴と浄髪は等持院で行なわれた。墨染めの衣に袈裟を着せて納棺した。金屏風をめぐらし、高机に打敷を敷いた。ついで「真中に御位牌あり、紙にて包みたる上に、新捐舘萬松院殿贈一位左相府曄山照公大居士昭儀とぞ書れたり。絹一幅を御位牌の丈にして上にきせ奉る」とある。さらに左右に燭台を置き、花瓶に雪柳を立てた。卓の上に茶湯をそなえ、香炉を置いたとある。(43) 禅宗の清規にあるとおりの作法を忠実にはたし調度をしつらえた。

この日から僧侶十人がこもって不断の読経が行なわれた。北山鹿苑寺の僧侶も加わっている。金閣のある寺である。このとき「御位牌所の事、未だ定まり侍らねば」とある。まだ納牌する寺院が決まっていなかった。位牌が家で祀られるのは後世のことである。当時は菩提寺などの寺院を建立して納牌するのがならいだった。その際に供養料として祠料が添えられた。時代はくだるが、岐阜県永保寺蔵の位牌は、牌身に「帰西妙養禅尼霊位」と刻まれ、台座裏に「参貫五百文　永正元甲子菊月吉日　為妙養禅尼」の墨書がある。(44) 永正元年（一五〇四）に妙養禅尼なる人の位牌を祠料参貫五百文を添えて永保寺に納牌したことが知られる。

中陰のうちは相国寺鹿苑院でも僧侶がこもって読経した。(45) 禅宗寺院を統括する僧録はここの住持が兼任する。葬送は二十一日と決まった。葬場は東山の慈照寺である。(46) 葬列にあたり僧侶が金襴の幡をかつぎ真をたずさえた。そのおりの記事に「御位牌は御家督の持たせられ給ひ」とある。(47) 家督は十三代将軍となった義輝である。跡継ぎが位牌をになった。この慣習は今につながっている。

足利氏は五山制度の確立をはかり、その中枢をなす臨済宗夢窓派を代々外護した。葬儀はすべて禅宗の作法で執行された。位牌が用いられたのは特殊な事例なのか、それともすでに一般的になっていたのか。以上は将軍家の事例であるから記録も残されていた。これ以降は位牌に関する記録もようやく増加する。臨済宗や曹洞宗に帰依することが多かった武家社会でもやはり葬儀の場に位牌が立てられたのではないか。

沖縄では十五世紀の記録に位牌の存在をうかがわせるものが現れる。朝鮮王朝の『李朝実録』によれば、世祖大王元年（一四五六）に済州島の島民が久米島に漂着して那覇に移送された。土地の人々は盂蘭盆会の中日に寺に詣でたという。そこに「亡き親の姓名を記せしを案上に於て置く」とある。案は小机である。故人の名を書いたものが置いてあったというが、これは位牌ではないか。床に米を撒き、竹の葉に水をつけて振りかけた。僧侶は読経し、親族は礼拝する。そのとき施餓鬼も行なわれた。(48) お盆に位牌を立てて供養を行なう習俗がすでに沖縄にあったのだろう。

明の宣徳六年（一四三一）に沖縄にいたった冊封使の柴山は大安禅寺を建立した。宗派は不明である。景泰年間（一四五〇〜五六年）には臨済宗の長寿禅寺と天界寺が建立される。戦乱の日本からも臨済宗の僧侶があいついで渡来した。琉球王家をはじめ士族が菩提寺を持つようになる。平敷令治によれば、いずれも臨済宗の寺院だという。そこでは位牌を置いて先祖が祀られていたにちがいない。(49)

明の嘉靖十三年（一五三四）に沖縄にいたった冊封使の陳侃は『使琉球録』を撰述した。陳侃は崇元寺を訪ね、王家の宗廟に詣でて言う。「其の寝廟に入るに、神主は東に居りて西向し、予等は西に居りて東向す」と。(50) そこには歴代国王の神主が安置されていた。首里城が西を向くのにしたがい神主もみな西を向いていたという。

明の乾隆二十一年（一七五六）に沖縄にいたった冊封副使の周煌は『琉球国志略』を編輯した。そこに家屋に関する記述がある。「中の間に多く神龕を作り、以て香炉とするに青石を其の中に置き、白砂を之に実《みた》すを玩《ならい》と為す。或は云う即ち祖神なり。蓋し家に神主を設けざるも、貴家は始めて祠堂を有す」とある。(51) 家々では中央に神龕を設け、青い石に白い砂を満たして香炉に用いている。先祖を祀るためと言われており、一般の家には神主を設けてないが、祠堂をそなえる貴顕の家もあったという。民間ではまだ位牌は普及していなかったのか。ただ、それに代わるものとして青石に砂を入れた香炉が用いられた。赤嶺政信の考察がある。(52)

大正十二年（一九二三）に沖縄へわたった折口信夫はこの香炉に目を向けた。「香炉がある所には、神が存在すると信じて居る故、香炉が神の様になつて居る。拝所には、幾種類もの香炉がある」と記している。香炉に神が宿ると信じられていた。そのため「他国に移住する者は、必香炉を分けて携へて行く。而も、其香炉自体を拝むのでなく、香炉を通じて、郷家の神を遥拝するものと考へる」という。(53) これは今も日本のいくつかの地域で行なわれる位牌分けの習俗に通じるであろう。物自体を拝むのではない。先祖の霊を遥拝するための装置と捉えるのである。これは祀られながらもやがて棄てられるという位牌の本質につながるのではないか。

四　位牌祭祀の新たな展開

道元が断固として避けたはずの王法即仏法の姿勢は、南北朝時代には曹洞宗の内部でまったき理論化をとげた。俗世に背を向けてきたはずが、密教思想の導入とともに俗世への接近がはかられた。これによって全国的発展への道が開かれたのである。西日本へ伝わった曹洞宗はそのほとんどが当代一流の武家政権と結びついた。東日本へ伝わった一派も、その外護者となったのは地頭級の支配者層とその配下の縁者が大部分であった。檀越となった人々は逆修追善を名目に土地を寄進した。これは竹貫元勝があきらかにしたところである(54)。

臨済将軍曹洞土民という言葉がある。土民とはいえ在地の支配者に変わりない。この点は真宗教団の展開とは対照をなしている(55)。鈴木泰山によれば、真宗は講という組織の力で民衆を獲得し、それが土豪まで呑みこんでいった。これに対して禅宗は上は将軍、下は在地の支配階級を外護者として獲得し、そこから農民層に臨んだという(56)。臨済宗が京都五山と鎌倉五山を中心に学芸への関心を高めていたころ、曹洞宗は地方伝播をはかった。そこでは葬儀が大きな比重を占めるようになっていく。

庶民のあいだで仏式の葬儀が行なわれたのは近世になってからである。江戸時代に幕藩体制のもとで寺請制度がはじまる。これが徹底されるのは十七世紀の末ごろとされる。あらゆる階層に仏式葬儀が強制され、それとともに位牌も徐々に普及した。仏教が日本に伝わったのは今から千五百年前である。しかし仏式葬儀があまねく行きわたるのは、ずっと遅れて三百年前であった。

古代において寺院を支えたのは豪族による荘園経済である。中世になると勧進聖の活動に依存する勧進経済に移行した。さらに南北朝時代から日本仏教全体の密教化が進行していき、納骨によって寺院経済が維持できるようになっていく。これは近世における寺檀関係の先駆をなすものと考えられている。そのとき作善に結縁した勧進の時代は終焉を迎えた(57)。

幕藩体制下の仏教が中世のそれと大きく異なる点がある。それは日本列島に暮らす人々の大部分が寺請制度によって寺とつながりを持つにいたったことである(58)。信心のあるなしは関係ない。特定の寺と寺檀関係を結ばされた。これによって仏教の庶民化が推進されたのは確かである。しかし、さまざまな意味で仏教教団の体質を変えてしまうことになった。それを今にいたるまで引きずっている。

寺請制度は幕府が切支丹の摘発のために設けた。地域の住人全員に檀那寺を定めて邪宗の信者でないことを証明させる。寺がその人の身分を保障し、責任をもって請け合った。だから寺請制度という。

切支丹禁圧は寛永十六年（一六三九）までに出された一連の鎖国令によっておおむね完結した。

しかし寺請制度が強化されるのはこのころからである。ということは切支丹禁圧は名目でしかない。本当の目的は別のところにある。それは農民の固定であった。農業従事者の絶対数確保こそが眼目であった。幕府の行政機構の末端である庄屋に戸口調査をさせたうえで、寺にこれを引き受けさせたのである。

慶長十八年（一六一三）に幕府が全国の寺院に公布したとされる『御条目宗門檀那請合之掟』がある。全十五箇条からなる。寺請するにあたり檀家に対して要求する事柄が列挙してある。すなわち、檀家が寺の経営を負担すべきこと、寺の新築改築の費用を寄進すべきこと、葬式や忌日の法要を寺に依頼すべきことがさだめられた。これに応じない場合は寺請手形が受けられない。そのときは宗門人別帳の記載からのぞかれる。これを帳外れという。言わば戸籍からの抹消である。非人の身分に落とされる。もとの生活にもどることはできなくなる。

今でもこの掟書は全国の多くの寺院に伝わるという。ほかの文書にくらべて格段に大切にされてきたことがわかる。それにはもちろん理由がある。寺の求めるものがことごとく盛りこまれているからである。そして求められる檀家にとってこれほど重荷になるものはない。どんなに貧しい村でも寺の瓦屋根が立派にそびえている。そんな日本の風景がここからはじまった。

この掟書が偽造であることは今では明らかである。条文のなかに日蓮宗不受不施派と非田派の信者を寺請しないとある。どちらも切支丹なみに邪宗とされた。幕府による不受不施派の弾圧がはじまったのは寛文五年（一六六五）である。非田派の禁止は元禄四年（一六九一）である。これ以後の成立であることはまちがいない。ただし同じく邪宗とされた日蓮宗三島派について記載がない。三島派の禁止は享保三年（一七一八）である。これが成立の下限とされる。いずれにしろ慶長十八年（一六一三）の文書ではあり得ない。幕府が制定したものではなく、寺院の側で偽造したと考えられている。(59)

宗門人別帳が作成されるのは寺請制度の基礎が整う寛永十二年（一六三五）の前後からである。寛文十一年（一六七一）に幕府はこの人別帳をもとに宗門改を命じた。このとき人別帳の記載内容が全国的に統一されて毎年作成されるようになる。それにともなって寺請制度も徹底された。明治四年（一八七一）に戸籍法が制定され翌年以降に壬申戸籍が編成されるまで、この人別帳が戸籍台帳として機能した。これによって寺と檀家の関係は密着した。生まれたとき、また嫁いだときに葬式を行なう寺がさだめられた。

元禄八年（一六九五）に浄土宗末寺の悉皆調査が開始される。その記録が『蓮門精舎旧詞』である。収録された全国六千あまりの寺の伝承によれば、創設年次は三分の二が天正元年（一五七三）から寛永二十年（一六四三）までの七十年間に集中していた。竹田聴洲によれば、この過密傾向は特定地域だけのことではなく、ほぼ全国共通にうかがえるという。(60)これは驚くべきことであり、その前後数十年を加えるならば、日本に今ある寺院総数のじつに九割が戦国時代の末期から江戸時代の初期までに成立したことになる。(61)

寛永九年（一六三二）から翌十年にかけて寺院の本末帳が作成された。幕府は寺院統制の貫徹をはかるべく、本山と末寺の関係を示す本末帳の提出を各宗派に命じた。原則としてここに記載された寺だけが寺請制度を執行できる資格を得たことになる。その点では後世の寺院経済にもたらした影響はきわめて大きい。たとえば禅宗の場合、曹洞宗でも臨済宗でも伝灯つまり師資相承の系譜が宗派の根本である。この系譜が本寺と末寺の関係をおのずから形成していた。しかし幕府による本末制度はこれを法制度として固定した。伝灯とかならずしも一致しないかたちで本寺への従属が強要される(62)。本寺を持たない独立寺院の存在はまったく認められなくなった。

各地で本末争論が起きた。幕府は制度に固執する必要はない。幕藩体制の堅持に資すればそれでよい。いくらか手直しをはかった。寛文五年（一六六五）には『諸宗寺院法度』が出された。これは本寺の末寺支配ならびに寺院の一方的な檀家支配という従来の制度を改めたものである。ただし、これによって末寺や檀家が優遇されたわけでもない。目的は寺院勢力を弱体化させることにある(63)。

本末関係の組織化はもちろん寺請制度と直結していた。寺が檀家を確保できるのは本末帳への登録の有無にかかわっている。これによって寺は葬祭檀家を確実に把握できる。しかし檀家からすれば、寺との関係はまったく形式的なものに過ぎなくなった。両者は葬式と法事によってつながるだけとなった(64)。それでも寺が葬式を受けもつ意義はやはり巨大である。明治維新を迎えたあとも寺と葬式との結びつきは堅固であった。これだけは近代化の波のなかでも翻弄されることがなかった(65)。

仏式の葬儀は江戸時代なかばにほぼ全国で実施されるようになる。それとともに寺域内の墓地の造営がさかんになり、仏壇が家々に普及した。墓地にある檀家の墓碑は元禄以降のものが圧倒的に多く、同じことが過去帳への法名の記載においても言える。まさしくこの時期に檀家制が確定した。それは庶民にとって「家」の確立期と重なっている。[66]

位牌を置く仏壇はどの程度に普及したか。

これについては家財目録をもとにその所持量と階層差をさぐった研究がある。目録とはいっても階層によっては破産で家財が売却されたときの記録である。安永五年（一七七六）信濃国佐久郡と文政十一年（一八二八）同国上田領の中下層農家の破産にともなう払物覚がある。これを見ると富裕な農家にくらべて膳椀がとぼしい。収納家具はいたって貧弱である。それでも両家とも仏壇は所有していた。佐久郡の農家では櫃二百文に対して仏壇が六百文という高値で売却されている。中下層の農家にまで仏壇の需要が進んでいたことが知られる。都市部でも寛政元年（一七八九）江戸本石町の裏長屋の家財没収による覚書に、仏壇と神棚が記載してある。零細な庶民でさえも先祖や家という意識を持つようになったのだろう。[67] そうした意識を目に見えるかたちで示すのが墓であり位牌であった。それが今につながっている。

五　墓も位牌もない

墓を立てず位牌を作らない土地がある。

愛知県碧南市には墓のない家が多い。墓参りを経験したことのない人が大勢いる。ほとんどが門徒の家である。浄土真宗の信者を門徒と呼ぶ。家の古さには関係がない。市内の学校に勤めていた人の聞き書きがある。門徒が言うには、「墓をつくらず、京都の本山に納めているのでそれでよい。家に仏壇があり、先祖がおまつりしてあるのでお墓があるのと同じようなこと」だという。[68]ほかにも岐阜県揖斐郡徳山村[69]と坂内村[70]、石川県石川郡白峰村と尾口村[71]などが墓のない地域として報告された。こうしたありようは無墓制という術語で呼ばれてきた。新谷尚紀によれば、正確には火葬無墓制と規定される。土葬無墓制の地域があることは確認されていない。[72]

土地が狭いことや家が貧しいことも墓がない理由にはちがいなかろう。しかしそれがすべてにあてはまるわけではない。あてはまるのはいずれも門徒の家ということである。とりわけ注目したいのは山口県光市の五軒屋と周防大島の笠佐島の事例である。[73]江戸時代に廻漕業者が多く住んでいた土地である。漂海民である「渡り」の系譜をひく人々である。真宗の信仰を代々維持してきた。

人が亡くなると集落から離れた山のなかで火葬し、ひとにぎりの骨を西本願寺の大谷本廟に納骨する。あとはそのまま放置して野ざらしにするだけだという。どちらの地域も位牌を作らない。家に仏壇はあるが、それは阿弥陀仏を祀るためである。人は亡くなって阿弥陀仏とひとつになる。先祖の霊という観念もそこにはない。すべては阿弥陀仏につながっている。法事や盂蘭盆のときも阿弥陀仏に供養するのみで先祖を祀ることはしない。墓も位牌も必要ないわけである。まったく徹底したものである。

そこには真宗への帰依と信心がつらぬかれている。宗祖親鸞の言葉がそれを支えてきた。本願寺第三世の覚如が『改邪鈔』に伝えて言う。「本師聖人ノ仰ニ云ク、某閉眼セバ、賀茂河ニイレテ魚ニアタフベシ」と。[74] 宗祖のこの言葉を門徒は心にとどめてきた。『改邪鈔』はつづけて言う。「コレスナハチ、コノ肉親ヲカロンジテ佛法ノ信心ヲ本トスベキヨシヲアラハシマシマスユヘナリ。コレヲモテオモフニ、イヨイヨ喪葬ヲ一大事トスベキニアラズ、モトモ停止スベシ」と。真宗大谷派の初代講師を務めた光遠院慧空撰『叢林集』はこの言葉を引いたうえで、「當流ハ皆火葬ニテ拾骨ヲ御本廟ニ許入レ給上ハ別ニ人々ノ塚アルヘキヤウモ無シ」と述べている。その宗旨を伝えてあますところがない。[75]

親鸞の言葉は決して孤立したものではなかった。親鸞の後には一遍の言葉がある。いわく「没後の事は、我門弟子におきては葬礼の儀式をとゝのふべからず、野にすてゝけだものにほどこすべし」と。この言葉は『一遍聖絵』正応二年（一二八九）の一遍荼毘の条に見える。[76] 詞書は近親の聖戒が記した。同じ言葉が『一遍上人語録』にもある。[77]

親鸞の前には高野山蓮華谷の明遍の言葉があった。いわく「出家遁世の本意は、道のほとり、野べの間にて死せむことを期《ご》したりしぞかし」と。[78] この言葉は『一言芳談』に記してある。法然の専修念仏に導かれた念仏者の言葉を集めた書物である。高野山といえば真言宗だが、中世にはここは日本随一の念仏の山であった。[79]

さらにさかのぼれば中国の僧伝にいたり着く。唐の道宣の『続高僧伝』によれば、隋の開皇八年

（五八八）に没した長安延興寺の曇延は次のように遺言した。「吾れ亡き後は、我が此の身を以て、且つ禽獣に施し、余骸は法に依て焚陽し、残骨を留めて以て看守を累《わずら》はすこと無かれ」と(80)。弟子たちはこれにしたがい、師のなきがらを鳥や獣にほどこしたのち終南山で焼却した。遺骨の始末で人に厄介をかけてはならないという。隋の大業元年（六〇五）に没した延興寺の通幽も先師にならっている。次のように言う(81)。

遂誡弟子曰。吾變常之後。幸以殘身遺諸禽獸。儻蒙少福冀滅殘殃。忽以大業元年正月十五日。端坐卒於延興寺房。春秋五十有七。弟子等從其先志。林葬於終南之山至相前峯。火燎餘骸立塔存矣。

（［通幽は］終わりに臨んで弟子たちに戒めて言った。「私の命が絶えたのちは、残されたこの体を獣にやってもらいたい。もしも功徳が足りずに残った体があったなら、どうか滅してもらいたい」と。そうして威儀を正し、延興寺の僧房で亡くなった。五十七歳であった。弟子らは師のこころざしにしたがい、終南山の至相の前峯で林のなかに葬った。残った遺骨は荼毘に附した。そこに立てた塔は今もある。）

ここには「吾が変常の後、幸《ねがわ》くは残身を以て諸の禽獣に遺れ。儻《も》し少福を蒙らば、冀《こいねがわ》くは残殃を滅さん」とある。弟子たちはまず終南山で「林葬」した。そのあと「余骸を火燎す」とあるから、やはり師の遺言に忠実にしたがったのである。

遺体を山野に放置し、朽ち果ててのち処理することを願う。これはつとに東晋の義熙十二年（四一六）に没した廬山の慧遠が弟子に命じていた。梁の僧祐の『出三蔵記集』に言う(82)。

義熙末卒于廬山精舍。春秋八十有三。遺命露骸松下同之草木。既而弟子收葬。
（[慧遠は] 義熙の末年に廬山の精舎で亡くなった。八十三歳であった。遺骸を松の木の下にさらして草木のうちに朽ち果てさせよと遺言し、[白骨となった] のちに弟子たちが拾い集めて埋葬した。）

ここには「遺命して骸を松下に露し、之を草木に同ぜしむ。既にして弟子収めて葬れり」とある。『出三蔵記集』は後漢から梁代までの漢訳経典録だが巻末に僧伝がある。現存する中国の僧伝としてはもっとも古い。これにつづく慧皎の『高僧伝』も慧遠の遷化について同様に伝えている(83)。
時代はくだるが、玄奘の『大唐西域記』はインドの葬法を伝えて言う(84)。

送終殯葬其儀有三。一曰火葬。積薪焚燎。二曰水葬。沈流漂散。三曰野葬。棄林飼獣。
（死者の遺骸を送って葬るには三つの方法があるという。一は火で葬る。薪を積んで焼くのである。二は水に葬る。流れに沈めて水に散らせる。三は野に葬る。林に遺棄して獣に食わせる。）

ここには三種の葬法が述べてある。すなわち「一に火葬と曰い、薪を積みて焚燎す。二に水葬と曰い、流れに沈め漂い散らす。三に野葬と曰い、林に棄て獣に飼《くら》わす」とある。唐の道世の『法苑珠林』は西域の葬法を四種あげている。「一は水漂、二は火焚、三は土埋、四は施林」とある。(85)施林は玄奘の伝える野葬であろう。

南アジアでは古くから火葬と野葬と土葬が行なわれていた。これはヴェーダ文献に明らかである。『リグ・ヴェーダ』の讃歌のひとつは葬送を主題とする。火の神アグニをたたえて言う。「アグニよ、その炎で焼き尽くすことがないように。皮膚を破壊し尽くすことがないように、彼の体を」とある。これは火葬にかかわる。また、「黒い鳥がそなた〔の体〕を傷つける。蟻と蛇と、あるいは猛獣が」とある。これは野葬にかかわる。また別の讃歌に「そなたのために大地を支えよう。その周囲に土を置く。そなた〔の体〕を損なうことがないように」とある。これは土葬にかかわるものであろう。(86)

初期の仏教文献に墓を意味する言葉がある。(87)サンスクリット文献にシュマシャーナとあり、パーリ語文献にスサーナとある。漢訳仏典では尸摩賒那と音写され、塚間と意訳された。これは火葬場の場合もあるが、たいていは死体捨場をさしている。そこでは死体は鳥や獣の餌食となる。その場所はシータヴァナとも呼ばれる。漢訳仏典に尸陁林とあるのは、尸陁が音写で、林は意訳である。寒林とも意訳される。それは林間にあった。墓は寂しく恐ろしい場所であり、人が近づくことはない。それゆえ修行者にとっては瞑想にふさわしい場所のひとつとされた。パーリ語の『八偈品』によれば、修行者はあえて人の住まない場所や墓場をいとおしむべきであり、そこがどんなに恐ろしい所でもおびえてはならないという[88]。

仏教の宇宙観にもとづいて世界の構造を説いた『立世阿毘曇論』がある。そこに四大洲と呼ばれるこの世界の葬法を述べた箇所がある。世界の中心にスメールという巨大な山がそびえている。須弥山と音写され、妙高山と意訳される。私たち人間が住んでいるのはその南にあるジャンブドヴィーパである。漢訳仏典には閻浮提あるいは南贍部洲とある。ここでは人が死ぬと火葬して山中に遺棄するか、水中に葬るか、土に埋めるか、野に葬るという。

スメール山の北にはウッタラクルという国がある。漢訳仏典には欝単越あるいは北瞿盧洲とある。ここは理想の国である。そこに住む人は千歳の寿命をたもつといわれる。彼らは死んでも葬ることをしない。次のように言う[89]。

剡浮提人若眷屬死。送喪山中燒屍棄去。或置水中。或埋土裏。或著空地。西瞿耶尼東弗婆提亦復如是。北欝單越人若眷屬死、不送喪不燒不棄。鳥爲送屍是鳥啄屍。將至山外而便噉食。

（［スメール山の南にある］ジャンブドヴィーパの人々は一族の者が亡くなったとき、遺体を山中に運んで焼いて遺棄し、あるいは水中に沈め、あるいは土中に埋め、あるいは林間に遺棄する。［スメール山の西にある］アパラゴダーニーヤや［東にある］プールヴァヴィデハでも同じようにしている。［北にある］ウッタラクルの人々は一族の者が亡くなっても、遺体を［山中に］運ばず、焼かず遺棄せず、鳥が遺体を運ぶにまかせる。それは鳥が遺体をついばむためである。鳥は遺体をくわえて山のかなたへ運び、そこでむさぼり食う。）

ここには「北欝単越の人は若し眷属の死するも、送喪せず焼かず棄てず、鳥が屍を送るを為す。是の鳥は屍を啄《ついば》み将《さ》げて山外に至り、而して便ち噉《むさぼ》り食らう」とある。遺体を鳥がついばんで喰い尽くすがままにするという。

『立世阿毘曇論』は陳の永定三年（五五九）に真諦によって漢訳された。そこに記されているのは鳥葬にほかならない。親鸞が「賀茂河にいれて魚にあたふべし」としたのも、一遍が「野にすてゝけだものにほどこすべし」としたのも、こうした仏典における理想国のありようにならったところがあるのではないか。

仏教の伝統、もっと正確に言えば、仏教文献の伝統のなかにある理想がくりかえし語られてきた。こうした記述の系譜があったことは事実である。このことは押さえておきたい。そのうえでなお、はるかに重要と思えるのは、文献に伝えられた言葉、その言葉に託された精神が生きた現実となっていることである。文字だけが生き延びたのではない。その精神が真宗門徒のあいだで具現した。とりわけ困難な環境で生きてきた人々がそれをなしとげていることを重く見たい。

第六章　霊魂のゆくえ

一　孝と「先祖」の対応

祀られる。そして捨てられる。まぶたに浮かぶ人への思いをたまゆらの木片につないできた人々がいる。

こうした位牌祭祀の前提にはやはり孝の観念があるだろう。孝は言うまでもなく親孝行の孝である。わかりきったことのようだが、中国人にとっての孝は私たち日本人が普通に考えるそれとはかなりへだたりがある。

親孝行というのは生きている親に尽くすことである。亡くなったあとでは孝行のしようがない。「孝行のしたい時分に親はなし」という。このことわざは私たち日本人にとって孝の対象とする範囲がどこにあるかを端的に示している。

では中国人にとっていかなる点が異なるのか。儒教では人としての徳目のうち何よりも礼を重んじる。しかもそれは孝からはじまるという。『左伝』に「孝は礼の始めなり」とある。この文は儒教における孝の重要性を言うものとしてよく引きあいに出される。これだけなら私たちの常識の範囲となんら変わりがない。ところでこの文はどのような文脈で語られたのか。

魯の文公二年（前六二五）の条にいわく、「凡そ君、位に即けば舅甥を好《よみ》し婚姻を修め、元妃を娶り、以て粢盛を奉ずるは孝なり。孝は礼の始めなり」と。(1) それは礼にかなった行為の例証として挙げてある。すなわち、国王が即位したなら親密なあいだがらにある国との友好を堅固なものとするため、ただちに婚姻関係を結ぶことが肝要である。正夫人を迎えてともに祭祀を行なうのが孝である。これこそ礼の出発点だという。

ここでは孝の具体的な実践は祭祀であると語られている。これはもちろん先祖の祭祀を意味する。孝とはすなわち先祖を祀ることにほかならない。中国では孝はまずもって先祖に尽くすことである。では、生きている親には尽くさないかというと、そうではない。親は先祖につながる。目の前にいる父母は現世《うつせみ》の先祖である。それはかならず先祖の延長上にある。先祖を崇拝するのと父母に孝養

を尽くすのはひとつのことである。ただしその方向はあくまでも先祖から出発している。(2)

なぜ先祖を祀らねばならないのか。くりかえし述べてきたように、儒教は霊魂の存在を肯定する。死者の霊魂は鬼神と呼ばれる。鬼神である霊魂はどこにいるかというと、仏教の六道のような次元を異にする世界は想定されていない。もともと天国も地獄も持たない民族にとって、霊魂がいる場所はこの世を措いてほかにはない。子孫とともにこの世にありつづける先祖の霊魂を、時をさだめ礼をつくして祀る。そうすることで一族の紐帯がたもたれ秩序が維持されていく。

先祖を祀ることが中国における孝の実態にほかならない。先祖につながる自分の両親に孝がおよぶのは当然だとしても、その出発点はまずもって先祖につかえることにある。そしてこのことが、私たち日本人にとって位牌や墓について考えるうえでひとつの分岐点となるだろう。

そもそも先祖という言葉自体これまた長い議論の積み重ねがあるが、そのなかでももっとも本質的なものは血筋であり血統である。つまり血である。この血の系譜の上に中国儒教の先祖祭祀が成り立つ。そしてこれがきわめて強固な集団の構成原理となっている。韓国でも同様である。結婚や就職はもとより、社会生活の大きな部分を血の系譜が支配する。同族の血統を連綿と書き記した族譜という分厚い本がそれぞれにあって、今なお人々の日常に発言力を持っている。

そこへ行くと日本人である私たちは、血というものにいたって淡泊ではないか。一部の職業をのぞけばあまり大きな意味さえ持たない。先祖にしても同様であろう。墓石に「何々家先祖代々之墓」と刻んであるのを見かけはするが、実際に私たちは先祖という言葉をどのくらいまでさかのぼって意識しているのか。

両親からはじまって祖父母か曾祖父母までが精々ではないか。それより先は記憶のなかにない。墓や位牌を粗末にはしなくとも、さりとてお盆のときにもてなす肉親のうちには実感として入っていない。これは現代になって肉親の情がうすれてきたからというわけではない。祀られるのは高々三代先までというのは、何百年も前からすでにそうであった。

鎌倉時代から室町時代にかけて、おおよそ十三世紀から十六世紀までのあいだに、板碑と呼ばれる石の塔婆がさかんに作られた。とりわけ三十三回忌に作られた板碑が多く残っている。その理由としては、三十三回忌が亡くなった人を追善する最後の機会になったことがあげられる。それまでは一周忌、三回忌、七回忌、十三回忌とつづいていくが、三十三回忌を過ぎればもはや法要も尽きてしまう。これが三十三回忌の板碑が多く作られた理由とされている(3)。

私たち日本人にとって時間の継続という感覚は他民族にくらべて格段に短い。相当せっかちな民族というほかなく、つまるところ三十年そこそこである。その先は忘却のかなたに消えていく。これでは先祖どころの話ではない。しかも祀られるのは血族である必要すらない。これは今後の墓や位牌のありようを考えていくうえでかなり重要なことだと思う。

外国人の研究者が日本の家族制度を調査していて一番とまどうのは、父系つまり父親の系譜と母系つまり母親の系譜が雑然と入り乱れている点だという。家というものがあるはずなのに、血に関してこれほど統一性も規則性もない民族はめずらしいのだろう。養子縁組や入り婿入り嫁さえ普通に行なわれる。血よりも家なのか。

中国人が使う先祖という言葉と私たちが使う先祖という言葉は、これもかなりへだたりがある。ちょうど孝という言葉の意味がへだたることとひびきあう。先祖の語は二千年以上前の書物に出てくる。

夏王朝は天命をまっとうできない。そこで殷王朝の初代成湯王に天命がくだる。『書経』に言う。「爾の先祖なる成湯に夏を革《あらた》め、民を俊《おし》え四方を甸《おさ》めんことを命ず」と。(4) 殷の先祖である成湯に天命があらたまり、民をみちびき四方を治めるよう命じられたという。ここに出てくる「先祖」の語は血筋の最初の人をさしている。つまり始祖である。ここからはじまって、同じ血筋に属する歴代の系譜を意味する言葉として用いられてきた。その伝統がずっとつづいている。朱熹もまた先祖を「始祖を継ぐもの」と述べた。(5) これは中国語の孝が対象とする範囲にぴたりと対応する。

中国人にとっては古来変わることなく受け継がれてきたものであっても、日本人の理解からはややや距離があろう。一方で日本人にとってはあたりまえでも、西洋人から見たら驚き以外の何物でもないことがある。かえってそういう思いは彼らの書いたものに露骨に現れている。とりわけ位牌にかかわることにそれがいちじるしい。

日本の同族組織を調査した西洋の文化人類学者がいる。東北の昔ながらの大きな家で正月の祝いの席に一族が集まっていた。そのなかに高齢の婦人がいた。何十年も前に他家に嫁いだ人だが、こうして実家に帰ってくつろいでいる時がどんなにうれしいかを語ったという。兄弟はみなこの世を去っている。家屋敷もすっかり新しくなっているのに、どうしてそんなにうれしいのかとたずねた。すると婦人は仏壇の方に向き直って、「みんなここにちゃんと居るからですよ」と語った。それから額に入れてある親兄弟の写真を見ながら、誰と誰の位牌がこの仏壇に納めてあるか指し示したという。婦人は仏壇の位牌とならんで自分もいて、心からくつろいでいる。西洋人の学者はそのように記した。(6) 彼らにしてみれば、なきがらが眠っている墓ならまだしも、一枚の木の板にあたかも霊が宿るかのように対したのが不思議でならなかったのか。

霊魂はどこにいるのだろう。お盆の最後の日に精霊流しをするところがある。灯籠を小さな舟に載せて川や海に流し、先祖の霊を送る行事である。夏の夕闇のなか、水辺にいくつものあかりがゆれている。この世ではもう会うことのない人の魂が、小さなともしびとなって流れていく。こうした行事はいろいろな土地で毎年欠かすことなく行なわれている。それならば毎年かならず帰ってくる先祖の魂というものを、今の私たちが本気で信じているということになるのか。

ここまで来ると宗教という言葉で言い表すものとはいくらか離れている気がする。もっと生活感情に近いものかもしれない。こうしたなつかしい仏教の行事は、じつは本来の仏教とは縁もゆかりもないものである。仏教らしき風習であって仏教そのものではない。ただ仏教そのものであるかないか、あるいは仏教の教えに即しているか否かは、かならずしも大事な問題ではない。仏教だと信じて行なわれているそのことに意味があるのではないか。そうした事実のなかに捨てきれないものがあるにちがいない。

二　墓にも、そして位牌にも

柳田國男に「魂の行くへ」という文章がある。「魂になつてもなほ生涯の地に留まるといふ想像は、自分も日本人である故か、私には至極楽しく感じられる。出来るものならばいつまでも此国に居たい。さうして一つの文化のもう少し美しく開展し、一つの学問のもう少し世の中に寄与するやうになることを、どこかささやかな丘の上からでも、見守つて居たいものだと思ふ」とある。(7)

この世とあの世とがそれほどへだったものとは考えられていない。それどころか「丘の上から」というほどに隣りあっていると語られる。山に囲まれた土地に生まれ育った人にとって、亡くなった父母の魂は山にいて、子どもたちが世に出て働くさまをそこから見守っている。十万億土の遠いかなたになど行きはしない。そのことをこの日本民俗学の開拓者はくりかえし述べている。人が亡くなって年月が過ぎれば、それからあとは先祖という一体のものになる。(8) 肉体は朽ちても、親しい者との縁は切れることなく、年ごとに日をさだめて子孫の家と行きかう。つねの日はふるさとの山にやすらっているという。

海辺で生まれ育ち、海とともに暮らす人々にとっては、亡くなった人の魂は今も海にいるのかもしれない。生活のなかに海のある人が、一生を終えたあとにやすらう場所は、海辺の墓地であったろう。山を眺め暮らし、山が生活のなかにある人にとって、霊魂のおもむくところは、山の上に、あるいは山の向こうにあるのかもしれない。

山とはいっても、家屋敷のうしろにひかえる小高い丘であったり、こんもりした森であったりもする。谷でさえほとんど同じではなかったか。(9)おしなべて周囲の近しい自然のふところに、霊魂の住まう場所があると観念されている。御先祖様は朝な夕なにながめ暮らす山や谷にやすらっている。先祖の霊魂は、しかし山にいるだけではなかった。葬送儀礼の長い歴史のなかで、位牌は故人の霊魂が依りつきとどまるものと信じられてきた。かくして御先祖様は位牌のなかにいる。墓の下にもいる。山の向こうにもいる。それは矛盾することかもしれない。けれども、それはそのままでおさまっている。

先に逝った人は仏壇の位牌のところにいて、家族が無事に帰宅するのを待っている。私たちも位牌に向かって「ただいま」と声をかけたりする。そして墓の下で眠りながら、夏の夕暮れに家族がそろって迎えにくるのを待っている。そして山の向こうから、つらい日々を耐えて暮らす肉親を見守っている。いつかは私たちもそこへ行く。それを楽しみに待っている。

どこからか見守っていてくれる。そこはかとなくそう信じている。そしていつかは忘れ去られていく。それが私たち日本人が抱いてきた故人への思いかもしれない。墓や位牌をめぐる問題を考えるには、そうした民族の死生観にまでさかのぼることも必要になるだろう。その際に大きな前提として言えるのは、ある民族のものの考え方、つまり思考のありようは、そう簡単には変化しないということである。

思考の内実は自然観であり世界観であり死生観である。生活感情とでもいうべき日常的なものもそこに含まれる。私たちのまわりにある自然、その自然が作りだす風土が私たちのものの考え方や感じ方に働きかけ、そこから生じる生活感情が民族の思考のありようの根幹をなしている。むしろ日常的なものであればあるほど容易には変化しない。ほかからの影響も容易には受けつけないということが言えるのではないか。

散骨も樹木葬も新しいものではない。今あるほどのものはどれも昔からあった。むしろ長い伝統でさえあった。墓石が墓地にずらりとならぶ風景の方が、ごく浅い歴史しか持っていない。ただ、今の社会で何が実行可能かということは法律の問題にもかかわる。墓埋法と通称される法律がある。「墓地、埋葬等に関する法律」が正式な名称であり、昭和二十三年（一九四八）に制定された。その後何度も改正され、平成二十三年（二〇一一）の改正が最新である。もちろんこの法律の範囲外で認められたものもある。たとえば水葬である。航行中に船内で亡くなった人の遺骸を海に流すことは船員法で許可されている。もっとも法律さえクリアーすればいいかというと、それは小さなことでしかない。結局のところ私たちにとって亡くなった人とのかかわりはどこにあるのだろう。それは遠い日の肌の記憶であり、今も手でふれられる思いではないか。そうした心情が優先されてもいいと思う。

心情が優先される。そこがまた墓や位牌の問題でもっともむずかしいところでもある。加えるにこの問題の背後にはある種の義務のようなものがついてまわる。[10] 何かに対して申し訳なく感じる、そうしたわだかまりが意識の裏側に貼りついている。粗末にしてはいないか。しきたりに反してはいないか。そうしたことに対するわだかまりである。現実には何もない。だからかえって厄介である。この世のことでないからこそ、実体のないものが覆いかぶさってくる。罰があたる。その思いが墓や位牌に対する決断をにぶらせているのかもしれない。[11]

昨今話題になっている新しい葬りのスタイルは、歴史をふりかえってみれば伝統にそぐわないものなど何ほどもない。今あるものはかつてもあった。そしてこれからもあるだろう。そのことを踏まえたうえで今後の位牌のありようについても考えていきたい。

三　儒教儀礼から仏教民俗へ

本書は位牌という装置を用いた葬送儀礼とそれにつづく死者祭祀が今から二千年前の漢代の儒教儀礼にさかのぼることを主張した。現在の形態に直接つながる位牌の起源は宋代の禅宗に求められる。その前段階に朱熹の儒教改革の動きがあり、唐代における律の注釈書の撰述も見のがすことができない。それらを経由して古代の葬送儀礼に接続している。そうしたいくつかの段階を踏まえたうえで位牌の起源を儒教にさかのぼらせることは、これまでの研究の蓄積のなかでおおむね承認されてきた。ここではまず残された文献の具体的な記述に即して検証をこころみた。

その過程で浮かびあがってきたことが二点ある。第一点は、現代の墓や位牌にかかわることがらの根源がほとんど最初期に出揃っていたことである。もとより個々の事象を微細に観察すれば、そこに歴史的な変遷にともなう差異が生じていることは言うまでもない。古代中国から現代日本にいたるまでのあいだに複数の発展段階を設定するか否かは、そうした差異にどのくらい重きを置くかにかかっている。受容の主体となった民族が異なり、生活様式や風俗習慣が異なる以上、それを重く見るのは当然であろう。しかしその違いをこえてなおも受け継がれてきたものに本書は注目した。とりわけ葬儀のさまざまな経過のなかで主も位牌もいくたびか作り替えられてきたことを想起したい。こうした事例が枚挙にいとまなくあった。ここから、位牌を立てる習俗の根源を古代の儒教儀礼まで一気にさかのぼらせることが可能であると考えた。

第二点は、位牌を祀る現代日本の習俗は仏教民俗として捉えるのがふさわしいことである。位牌が仏壇に置かれるものである以上、当然ながら仏教にかかわるものと理解されてきた。しかし仏教の伝統的な教義においては位牌に関する言及がなく、したがって仏教研究の範囲だけでは位牌の成立史をもれなく記述することができない。現代の位牌をめぐる信仰習俗の調査研究はむしろ民俗学の領域で行なわれている。かたや、そのようなくくりのなかでは仏具としての位牌がたどってきた歴史的な経緯がともすれば見失われがちになる。位牌の起源はただちに仏教に求められないとしても、仏教にかかわるものと信じられてきた民俗事象であることはまぎれもない。近世以降の位牌の変遷のありようをたどるうえで、伝統宗教と民間信仰の習合を肯定的に捉えていくことが有効であると考えた。

そうした視座のもとで日本人の習俗のなかにありつづける位牌の祭祀について、その成立と展開の過程を古代の儒教儀礼から現代の仏教民俗にいたる流れのなかで理解しようとつとめた。そのうえで位牌という装置の背後にうかがえる東アジアの民族の死生観を問おうとしたが、これはわずかな言及しかできなかった。ほかにも本書が積み残した課題はたくさんある。中国の禅宗の影響のもとで位牌祭祀が展開していくにあたり、どのような歴史的背景や要因があって日本に定着したのかという問いも、さまざまな角度から究明していく必要があろう(12)。このことは宗教史の問題にとどまらず、日本人の精神史の問題としても考えてみたい。

なおも本書のなかで考察がいたらなかった点は数多い。儒教経典と禅宗清規の記載はややこまかくたどったが、日本の近世以降の文献についてはごく一部を列挙しただけであり、台湾や沖縄の民俗事例はただそれを紹介したにすぎない。さらに現代の墓の継承をめぐる動向はきわめて深刻な問題だが、これも論点の提示にとどまった。位牌が仏教に由来すると見なされていても事実はそうでないという命題がはらむ意義は小さくない。これまで位牌がはたしてきた役割と、それを将来どのように位置づけていくかはその核心にせまる問題となるだろう(13)。

もとより現代社会における諸問題を解明するにはさまざまなアプローチの仕方がある。それは言うまでもないが、問題の根源にさかのぼってその成立過程を探求するのは、何より迂遠な方法かもしれない。それでも物事の立ちあがる時点から現在を照射することで見えてくることもあると思う。人文学の役割のひとつはそこに求められるのではないか。過去にさかのぼることで今後のありようを見定めていく手がかりを得たい。それが本書のめざしたところである。

第一章注

(1) 拙著『儒教・仏教・道教――東アジアの思想空間』講談社選書メチエ、二〇〇八年、一八六頁。

(2) 白川静『字統』平凡社、一九八四年、一四五頁。次頁の「神」「魂」「魄」についても同書参照。

(3) 蜂屋邦夫『中国的思考――儒教・仏教・老荘の世界』講談社学術文庫、二〇〇一年、一〇六頁。

(4) 『礼記正義』巻十「檀弓下」十三経注疏整理委員会編、北京大学出版社、二〇〇〇年、三六四～三六六頁「延陵季子適齊。於其反也。其長子死。葬於嬴博之閒。(中略)既葬而封。廣輪揜坎。其高可隱也。既封左袒。右還其封。且號者三曰。骨肉歸復于土命也。若魂氣則無不之也。無不之也。而遂行」

(5) 同巻二十六「郊特牲」九五三頁「魂氣歸于天。形魄歸于地。故祭求諸陰陽之義也。殷人先求諸陽。周人先求諸陰」

(6) 『淮南鴻烈集解』巻九「主術訓」新編諸子集成、中華書局、一九八九年、三二四頁「天氣爲魂。地氣爲魄」

(7) 同巻七「精神訓」二六二～三頁「古未有天地之時。惟像無形。窈窈冥冥。(中略)莫知其門。有二神混生。經天營地。(中略)於是乃別爲陰陽。離爲八極。剛柔相成。萬物乃形。煩氣爲蟲。精氣爲人。是故精神。天之有也。而骨骸者。地之有也。精神入其門。而骨骸反其根。我尚何存。(中略)夫精神者。所受於天也。而形體者。所稟於地也」

(8) 『説文解字注』巻九上、上海古籍出版社、一九八一年、四三四頁「人所歸爲鬼。從人象鬼頭」

(9) 『列子』巻一「天瑞」四部備要子部、中華書局、一九八九年、七頁「精神者天之分。骨骸者地之分。

屬天淸而散。屬地濁而聚。精神離形。各歸其眞。故謂之鬼。鬼歸也。歸其眞宅。黄帝曰。精神入其門。而骨骸反其根。我尚何存」

(10) 程伊川『程氏易伝』「乾卦文言伝」朱熹『朱子語類』巻九十五「程子之書一」朱傑人、厳佐之、劉永翔主編『朱子全書』第十四冊、上海古籍出版社・安徽教育出版社、二〇〇二年、三一八四頁「唐傑問。近思錄既載。鬼神者造化之跡。又載。鬼神者二氣之良能。以乎重了。曰造化之跡是日月星辰風雨之屬。二氣良能是屈伸往來之理」

(11) 張横渠『正蒙』「太和篇」王夫之撰『張子正蒙注』古籍出版社、一九五六年、一六頁「鬼神者二氣之良能也。(中略)鬼神之實。不越二端而已矣」

(12)『朱子語類』巻三「鬼神」一五四頁「鬼神不過陰陽消長而已」「鬼神只是氣。屈伸往來者氣也。天地間無非氣」

(13) 三浦國雄『「朱子語類」抄』講談社学術文庫、二〇〇八年、三三六頁。

(14)『朱子語類』巻三「鬼神」一五八頁「先祖世次遠者。氣之有無不可知。然奉祭祀者既是他子孫。必竟只是一氣。所以有感通之理。然已散者不復聚」

(15) 吾妻重二『朱子学の新研究――近世士大夫の思想史的地平』創文社、二〇〇四年、二三六頁。

(16)『朱子語類』巻三「鬼神」一六一頁「人有不伏其死者。所以既死而此氣不散。爲妖爲怪」

(17) 折口信夫「琉球の宗教」『古代研究』民俗学篇第一、一九二九年。再録『折口信夫全集』第二巻、中央公論社、一九七五年、四五頁。

(18) 劉枝萬『中国道教の祭りと信仰』下巻、桜楓社、一九八四年、二〇頁。

（19） *Mahāparinibbāna-suttanta*, V.10, Rhys Davids and Estlin Carpenter (ed.), *Dīgha nikāya*, II, The Pāli Text Society, 1947, p.141. "kathaṃ mayaṃ bhante tathāgatassa sarīre patipājjamâti. avyāvaṭā tumhe ānanda hotha tathagatassa sarīrapujāya, ingha tumhe ananda sadatthe ghatatha, sadattham anuyuñjatha, sadatthe appamattā ātāpino pahitattā viharatha. sant'ānanda khattiya-paṇḍitā pi brāhmaṇa-paṇḍitā pi gahapati-paṇḍitā pi tathāgate abhippasannā, te tathāgatassa sarīra-pūjaṃ karissantîti" 漢訳は後秦の仏陀耶舎・竺仏念訳『長阿含経』巻三「遊行経」（大正新修大蔵経一、一巻二〇頁上二三～二四行。以下「大正」と略記）、西晋の白法祖訳『仏般泥洹経』（大正五、一巻一六九頁上二八～中一行）、東晋の失訳『般泥洹経』（大正六、一巻一八六頁下一六～一七行）、東晋の法顕訳『大般涅槃経』にある。パーリ本にもっとも近いのは法顕訳であろう。『大般涅槃経』大正七、一巻一九九頁下二一～二六行「爾時阿難而白佛言。世尊。入於般涅槃後。供養之法。當云何耶。佛言。汝今不應逆憂此事。但自思惟。於我滅度後護持正法。以昔所聞。樂爲人説。所以者何。諸天自當供養我身。又婆羅門及以諸王。長者居士。此等自當供養我身」

（20） *Mahāparinibbāna-suttanta*, V.11, op. cit., p.141sq. "rañño ānanda cakkavattissa sarīraṃ ahatena vatthena veṭhenti. ahatena vatthena veṭhetvā vihatena kappāsena veṭhenti, vihatena kappāsena veṭhetvā ahatena vatthena veṭhenti. etana upāyena pañcahi yuga-satehi rañño cakkavattissa sarīraṃ veṭhetvā ayasāya tela-doṇiyā pakkhipitvā aññissā ayasāna doṇiyā paṭikujjetvā sabba-gandhānaṃ citakaṃ karitvā rañño cakkavattissa sarīraṃ jhāpenti, cātummahāpathe rañño cakkavattissa thūpaṃ karonti. evaṃ kho ānanda rañño cakkavattissa sarīre paṭipajjanti. yathā kho ānanda rañño cakkavattissa sarīre paṭipajjanti evaṃ tathāgatassa sarīre paṭipajjitabbaṃ cātummahāpathe tathāgatassa thūpo kātabbo. tattha ye mālaṃ vā gandhaṃ vā vaṇṇakaṃ vā āropessanti abhivādessanti vā, cittaṃ vā pasādessanti, tesaṃ taṃ bjavissati dīgharattaṃ hitāya sukhāya".;『長阿含経』巻二「遊行経」二〇頁上二四～中四行「佛言。欲知葬法者。當如轉輪聖王。阿難又白。轉輪聖王葬法如何。佛告阿難。聖王葬法。先以香湯洗浴其體。以新劫貝周遍纏身。以五百張疊次如纏之。内身金棺灌以麻油畢。擧金棺置於第二鐵槨中。旃檀香槨次重於外。積衆名香厚衣其上。而闍維之訖收舍利。於四衢道起立塔廟。表刹懸繒。使國行人皆見法王塔。思慕正化多所饒益」

(21) 懐奘編『正法眼蔵随聞記』大久保道舟編『道元禅師全集』下巻、筑摩書房、一九七〇年、四三六頁「只佛制ヲ守テ、心世事ニ出スコト莫レ。（中略）只佛道ヲ思テ、餘事ヲ事トスルコト莫レ」

(22) 柳田國男『明治大正史世相篇』朝日新聞社、一九三一年。再録『柳田國男全集』第五巻、筑摩書房、一九九八年、五〇七頁。

(23) 拙稿「寺院なくして信仰は成り立つか」『宗教研究』第三六七号、二〇一一年、七五頁。

(24) 岩田重則『墓の民俗学』吉川弘文館、二〇〇三年、二六八頁。

(25) 圭室諦成『葬式仏教』大宝輪閣、一九六三年、一頁。

(26) たとえば『望月仏教大辞典』第一巻「位牌」世界聖典刊行協会、一九三三年、一六八頁。

(27) 跡部直治「位牌」『仏教考古学講座』第二巻「塔婆篇」雄山閣出版、一九三六年、一八三頁。

(28) 久保常晴「位牌」『新版仏教考古学講座』第三巻「塔・塔婆」雄山閣出版、一九七六年、三〇六頁。

(29) 五来重『葬と供養』東方書店、一九九二年。再録『五来重著作集』第一二巻、法蔵館、二〇〇九年、六八頁。

(30) 跡部直治、前掲論文、二〇三、二〇六頁。
(31) 五来重、前掲書、八五頁。
(32) 井之口章次『日本の葬式』筑摩書房、一九七七年、九〇頁。
(33) 山田慎也『現代日本の死と葬儀——葬祭業の展開と死生観の変容』東京大学出版会、二〇〇七年、六六頁。
(34) 岩田重則、前掲書、二七八頁。
(35) 同書、三二二頁。
(36)『礼記正義』巻六「檀弓上」二〇一〜二、二〇五頁。
(37) 内蒙古自治区博物館文物工作隊編『和林格爾漢墓壁画』文物出版社、一九七八年、一〇二頁。
(38)『礼記正義』巻六「檀弓上」二四九頁「易墓非古也。〔鄭玄注〕易謂芟治草木。不易者丘陵也」
(39) 蔡邕撰『独断』巻下、叢書集成簡編、台湾商務印書館、一九六五年、二二頁「古不墓祭。至秦始皇出。寝起之於墓側。漢因而不改。故今陵上稱寢殿。有起居衣冠象生之備。皆古寢之意也」
(40) 崔寔撰『四民月令』全後漢文巻四十七、歴代詩文総集、世界書局、一九八二年、二十四冊二紙裏五行「二月祠太社之日。薦韭卵于祖禰。前期齊饌掃滌。如正祀焉。其夕又案冢薄饌祠具。厥明于冢上薦之。其非冢良日。若有君命他急。筮擇冢祀日」。渡部武「四民月令輯本」によって補う。『四民月令』平凡社、一九八七年、一五八頁。
(41)『独断』巻下、二二頁「宗廟之制。古學以爲人君之居。前有朝。後有寢。終則前制廟以象朝。後制寢以象寢。廟以藏主。列昭穆。寢有衣冠几杖。象生之具。總謂之宮。月令曰。先薦寢廟。詩云。

公侯之宮。頌曰。寢廟弈弈。言相連也。是皆其文也。古不墓祭。至秦始皇出。寢起之於墓側。漢因而不改。故今陵上稱寢殿。有起居衣冠象生之備。皆古寢之意也」。なお『後漢書』「祭祀志」にこれにもとづいた記述がある。『後漢書』志第九「祭祀志下」中華書局、一九六四年、一一冊三一九九頁「古不墓祭。漢諸陵皆有園寢。承秦所爲也。説者以爲。古宗廟。前制廟。後制寢。以象人之居。前有朝。後有寢也。月令有。先薦寢廟。詩稱。寢廟弈弈。言相通也。廟以藏主。以四時祭。寢有衣冠几杖。象生之具。以薦新物。秦始出寢。起於墓側。漢因而弗改。故陵上稱寢殿。起居衣服象生人之具。古寢之意也」

(42)『後漢書』志第四「礼儀志上」一一冊三一〇三頁「正月上丁祠南郊。禮畢。次北郊明堂。高廟世祖廟。謂之五供。五供畢。以次上陵。（中略）旋升阼階。拜神坐。退坐東廂西向。侍中尚書。陛者皆神坐後。公卿羣臣謁坐。太官上食。太常樂奏食擧。文始五行之舞。樂闋臣受賜食畢。郡國上計吏以次前。當神軒占其郡穀價。民所疾苦。欲神知其動靜。（中略）八月飮酎。上陵禮亦如之」。以下を参照。窪添慶文「中国の喪葬儀礼——漢代の皇帝の儀礼を中心に」井上光貞他編『東アジアにおける儀礼と国家』学生社、一九八二年、九六頁。

(43) 小南一郎「漢代の祖霊観念」『東方学報』京都第六六冊、一九九四年、一五頁。

(44) 先祖の霊魂が墓を通じて現世に働きかける。そのことは六朝時代の道教における葬送儀礼に顕著にうかがうことができよう。以下を参照されたい。拙稿「罪を分解する——六朝道教の死霊祭祀から現代へ」『東洋学研究』五〇号、二〇一三年、九二頁。

(45) 三浦國雄「墓と廟」『風水——中国人のトポス』平凡社、一九九五年、一七九頁。

(46)『儀礼注疏』巻三十七「士喪礼」十三経注疏整理委員会編、北京大学出版社、二〇〇〇年、八二五頁「筮宅。冢人營之。〔鄭注〕宅葬居也。冢人有司掌墓地兆域者」

(47)拙著『神呪経研究——六朝道教における救済思想の形成』研文出版、二〇〇九年、一七〇頁。

(48)帛尸梨蜜多羅訳『灌頂経』巻六『仏説灌頂塚墓因縁四方神呪経』大正一三三一、二一巻五一二頁下五～一七行「阿難又問佛言。若人命終送著山野造立墳塔。是人精魂在中與不。佛言阿難。是人精魂亦在亦不在。阿難又問云。何亦在亦不在。佛言阿難。其魂在者。若人生時不種善根。不識三寶而不爲惡。無善受福無惡受殃。無善知識爲其修福。是以精魂在塚塔中未有去處。是故言在。阿難又言不在云何。佛言阿難。魂不在者。或其前生在世之時。大修福德精勤行道。或生天上三十三天在中受福。或生人間豪姓之家。封受自然隨意所生。又言不在。或其前生在世之時。殺生禱祀不信眞正。邪命自活諂僞欺人。墮在餓鬼畜生之中。備受衆苦經歷地獄。故言不在塚塔中也」

(49)柳田國男「葬制の沿革について」『人類学雑誌』第四四巻六号、一九二九。再録『柳田國男全集』第二八巻、筑摩書房、二〇〇一年、九六頁。

(50)柳田國男『先祖の話』筑摩書房、一九四六年。再録『柳田國男全集』第一五巻、一九九八年、一三〇頁。

(51)『徒然草』第三十段、新古典文学大系三九、岩波書店、一九八九年、一〇八頁「からは氣《け》うとき山の中にをさめて、さるべき日ばかりまうでつゝ見れば、ほどなく卒塔婆も苔むし、木の葉降り埋《うづ》みて、夕《ゆふべ》の嵐、夜の月ぞ、こと問ふよすがなりける。（中略）跡とふわざも絶えぬれば、いづれの世の人と、名をだに知らず、年《とし》〴〵の春の草のみぞ、心あらむ人はあはれとも見るべきを、はては嵐にむせびし松も、千年を待たで薪に砕《くだ》かれ、古き墳《つか》はすかれて田と成《なり》ぬ。その形《かた》もなくなりぬるぞ悲しき」

(52)『呂氏春秋校釈』巻二十四「孟冬紀」学林出版社、一九八四年、二四一頁「堯葬於穀林。通樹之。舜葬於紀市。不變其肆。禹葬於會稽。不煩人徒」

(53)『三国志』魏書巻一「武帝紀」中華書局、一九五九年、一冊五一頁「古之葬者。必居瘠薄之地。其規西門豹祠西原上爲壽陵。因高爲基。不封不樹」

(54)『正一威儀経』涵芬楼版正統道藏七九一、藝文印書館、一九七七年、三〇冊一九紙右三〜五行「正一死亡威儀。几棺布囊舉尸。送山林藪澤。入土而已。不得立墳。封樹丘壠」

(55)『続日本紀』巻八「元正天皇」国史大系第二巻、吉川弘文館、一九六六年、八八頁「十月庚寅。太上天皇又詔曰。喪事所須。一事以上。准依前勅。勿致闕失。其轜車靈駕之具。不得刻鏤金銀。繪餝丹青。素薄是用。卑謙是順。仍丘體無鑿。就山作竈。芟棘開場。卽爲喪處。又其地者。皆殖常葉之樹。卽立刻字之碑」。中国では墓標を制限したのに対し、日本ではむしろその設置を奨励した。上古には権力者の墓でさえ標識になるものを欠いたと考えられている。以下を参照。東野治之「墳墓と墓誌の日唐比較」『史料学探訪』岩波書店、二〇一五年、一五二頁。

(56)河本家本『餓鬼草紙』第四段「疾行餓鬼」小松茂美編『餓鬼草紙　地獄草紙　病草子　九相詩絵巻』日本絵巻大成七、中央公論社、一九七七年、八〜九頁。

(57)井上治代『墓と家族の変容』岩波書店、二〇〇三年、二四四、二四六頁。

(58)『三国志』魏書巻二「文帝紀」一冊八一頁「夫葬者藏也。欲人之不得見也。(中略)爲棺槨足以朽骨。

衣衾足以朽肉而已。故吾營此丘墟不食之地。欲使易代之後不知其處」

(59) 久保常晴、前掲論文、三〇七頁。

(60) 柳田國男『先祖の話』前掲書、九六頁。

(61) 吾妻重二「儒教儀礼研究の現状と課題――『家礼』を中心に」吾妻重二・二階堂善弘編『東アジアの儀礼と宗教』雄松堂出版、二〇〇八年、一〇五頁。

第二章注

(1) 朱彝尊『経義考』巻百三十九「礼記二」四部備用経部、台湾中華書局、一九七〇年、四冊二紙裏「慮氏曰。禮記乃儀禮之傳。儀禮有冠禮。禮記則有冠義以釋之。儀禮有昏禮。禮記則有昏義以釋之。(中略)其他篇中雖或雜引四代之制。而其言多與儀禮。相爲表裏。儀禮周公所作。而禮記則漢儒所錄。雖曰漢儒所錄然。亦儀禮之流也」。以下を参照。池田末利『儀禮V』東海大学出版会、一九七七年、五三八頁。大形徹「『儀礼』凶礼と魂・魄・鬼・神」吾妻重二・二階堂善弘、前掲書、二七四頁。

(2) 桐本東太「後漢王朝の死者儀礼――『後漢書』礼儀志下篇訳注稿」『史学』第五四巻四号、一九八五年、九二頁。

(3) 白川静『字統』前掲書、八九六頁。

(4) 『論語注疏』巻二「為政」十三経注疏整理委員会編、北京大学出版社、二〇〇〇年、二五頁「子張問。十世可知也。子曰。殷因於夏禮。所損益可知也。周因於殷禮。所損益可知也。其或繼周者。雖百世可知也」

（5）『史記』巻四十七「孔子世家」点校本二十四史修訂本、中華書局、二〇一三年、二三三二頁「孔子之時。周室微而禮樂廢。詩書缺。追迹三代之禮。序書傳。（中略）故書傳禮記自孔氏」。同一九三八頁「孔子以詩書禮樂教」

（6）池田末利、前掲書、五二九頁。

（7）『史記』巻百二十一「儒林伝」三七七一頁「禮固自孔子時。而其經不具」

（8）『論語注疏』巻三「八佾」三九頁「子曰。周監於二代。郁郁乎文哉。吾從周」

（9）吾妻重二「儒教儀礼研究の現状と課題」前掲論文、九一頁。

（10）『儀礼注疏』巻二十九「喪服」十三経注疏整理委員会編、北京大学出版社、二〇〇〇年、六三九～四〇頁「［傳曰］爲父何以斬衰也。父至尊也。（中略）何以三年也。正體於上。又將所傳重也。庶子不得爲長子三年。不繼祖也」。同六五一頁「疏衰裳齊。牡麻絰。冠布纓。削杖。布帶。疏屨三年者」。同六九五頁「大功布衰裳。牡麻絰纓。布帶。三月。受以小功衰。即葛九月者」。同七一六頁「小功布衰裳。牡麻絰。即葛五月者」。同七二二頁「緦麻三月者」

（11）『白虎通疏証』巻十一「服喪」新編諸子集成、中華書局、一九九四年、五〇七頁「三年之喪。何二十五月。以爲古民質。痛於死者。（中略）父至尊。母至親。故爲加隆。以盡孝子之恩。恩愛至深。加之則倍。故再期二十五月也。禮有取於三。故謂之三年。緣其漸三年之氣也。故春秋傳曰。三年之喪。其實二十五月也」

（12）『漢書』巻四「文帝紀」点校本二十四史、中華書局、一九六二年、一三一頁「七年夏六月己亥。帝崩于未央宮。遺詔曰。（中略）其令天下吏民。令到出臨三日。皆釋服。（中略）服大紅十五日。小紅十四日。纖七日。釋服」

(13)『後漢書』志第六「礼儀志下」点校本二十四史、中華書局、一九六四年、三一四三頁「天下吏民。發喪臨三日。(中略)以葬。大紅十五日。小紅十四日。纖七日。釋服」

(14)渡邉義浩「後漢における礼と故事」渡邉義浩編『両漢における易と三礼』汲古書院、二〇〇六年、一八六頁。

(15)『儀礼注疏』巻四十「既夕礼」八八四~七頁。現行の本文ではこの「記」は「既夕礼」の後に置かれている。西岡弘はこれを「既夕礼」の「記」とするが、池田末利は「士喪礼」の「記」と解する(西岡弘『中国古代の葬礼と文学』三光社、一九七〇年。改訂版、汲古書院、二〇〇二年、四一頁。池田末利『儀禮Ⅳ』東海大学出版会、一九七六年、一五頁。以下、本文中の訓読ならびに解釈は両書に負うところが大きい)。ほぼ同様の記述が『礼記』に見える。『礼記正義』巻四十四「喪大記」一四三八~四〇頁「疾病外内皆埽。君大夫徹縣。士去琴瑟。寝東首於北墉下。廢牀。徹褻衣。加新衣。體一人。男女改服。屬纊以俟絕氣。男子不死於婦人之手。婦人不死於男子之手。君夫人卒於路寝。大夫世婦卒於適寢。內子未命。則死於下室。遷尸於寢」

(16)『礼記正義』巻一「曲礼上」四四頁「主人就東階。客就西階」

(17)『儀礼注疏』巻四十「既夕礼」八八六頁「[鄭注]哀有甚有否」

(18)『礼記正義』巻四十四「喪大記」一四四一~三頁。

(19)『儀礼注疏』巻三十五「士喪礼」七六一~三頁。復については従来考えられてきた死者の復活を願う儀式ではなく、遺体のそばに霊魂をとどめておく儀式であったとする意見がある。大形徹「『儀礼』士喪礼にみえる「復」をめぐって」『アジア文化交流研究』第二号、二〇〇七年、一八九頁。

(20) 井之口章次『日本の葬式』筑摩書房、一九七七年、二一頁。

(21) 藤原実資『小右記』増補史料大成、臨川書店、一九六五年、六二頁「〔万寿二年八月七日〕昨夜風雨間。陰陽師恆盛。右衞門尉惟孝。昇東對上尚侍住所。魂呼。近代不聞事也。彼院者太后御座處。尤可有忌諱。頗有不祥雲。亦尚侍移法興院之夕同有此雲云々」

(22) 温古談話会編『越後風俗志』第八輯、一九八五年。国書刊行会再刊、一九九〇年、三一七頁。

(23) 劉枝萬『中国道教の祭りと信仰』下巻、桜楓社、一九八四年、二二頁。

(24) 胡培翬『儀礼正義』国学基本叢書第一二冊、台湾商務印書館、一九六八年、五頁「降衣如魂之降也」

(25) 『儀礼注疏』巻三十五「士喪礼」七六三頁「〔鄭注〕人君則司服受之。衣尸者覆之。若得魂反之」

(26) 井之口章次『日本の葬式』前掲書、九九頁。これとは別に、亡くなった人の着物を洗い、家の裏手の軒下に干して水をかける習俗がある。たえず水をかけて乾かないようにするところもあれば、ただ陰干しするだけのところもある。干す期間は三日、七日、四十九日など一定しない。水をかけるのは、死者があの世で火の山を越えるとき熱くないようにするためとも説明される（同書、一五四頁）。霊魂を衣にとどめるのではなく、もはやもどってこないことが前提されているのだろう。

(27) 井之口章次、前掲書、八一頁。

(28) 最上孝敬『霊魂の行方』名著出版、一九八四年、一五〇頁。

(29) 『礼記正義』巻九「檀弓下」三〇九頁「望反諸幽。求諸鬼神之道也。〔鄭注〕鬼神處幽闇。望其從鬼神所來」

(30) 同三一〇〜一頁。

(31) 『儀礼注疏』巻三十五「士喪礼」七七〇頁。

(32) 白川静「遊字論」『文字逍遙』平凡社、一九九四年、一二頁。同『字統』前掲書、八三五頁。

(33) 折口信夫「髯籠の話」『古代研究』民俗学篇第一、前掲全集第二巻、一八四頁。

(34) 折口信夫「幣束から旗さし物へ」『古代研究』民俗学篇第一、前掲全集第二巻、二二三頁。

(35) 『常陸國風土記』日本古典文学大系二、岩波書店、一九五八年、四五三頁。「[逸文]黒坂命之輪轜車。發自黒前之山。到日高見之國。葬具儀赤旗青幡。交雜飄颺。雲飛虹張。瑩野耀路」

(36) 桜井徳太郎「死の儀礼」『国文学 解釈と鑑賞』二九巻三号、至文堂、一九五七年。再録『祭りと信仰』講談社、一九八七年、二〇九頁。

(37) 井之口章次『日本の葬式』前掲書、九六頁。

(38) 最上孝敬『霊魂の行方』前掲書、二六六頁。

(39) 現在では樒《しきみ》を使う場合があり、これを一本樒という。樒は神の依代と考えられた。死者の霊魂をその場所にとどめるという俗信にもとづく。一本花にするのは、二本だと死者がもうひとり出ると言い伝えるためである（松本慈恵『図説 葬儀』国書刊行会、二〇〇一年、一〇八頁）。本来はゴータマ・ブッダが入滅したときの故事に由来する。弟子のひとりであるマハーカーシャパは遠く離れたところにおり、花を一本たずさえてきた人からブッダの入滅を知らされたという。この話はパーリ語の『涅槃経』に見える。漢訳は『長阿含経』巻三「遊行経」（二八頁下二〜七行）、白法祖訳『仏般泥洹経』

（一七三頁下一五～二一行）、法顕訳『大般涅槃経』にある。*Mahāparinibbāna-suttanta*, VI.19, *op. cit.*, p.162, "tena kho pana samayena āyasmā mahā-kassapo pāvāya kusinārам addhāna-magga patipanno hoti mahatā bhikkhu-samghena saddhim pañcamattehi bhikkhu-satehi. atha kho āyasmā mahā-kassapo maggā okkamma aññatarasmim rukkhamūle nisīdi. tena kho pana samayena aññataro ājīvako kusinārāya mandārava-puppham gahetvā pāvam addhāna-maggapatipanno hoti. addasā kho āyasmā mahā-kassapo ājīvakam dūrato 'va āgacchantam. disvā tam ājīvakam etad avoca: ap' āvuso jānāmi. satthāram jānāsîti. āma āvuso jānāmi. ajja sattāha-parinibbuto samano gotamo. tato me idam mandārava-puppham gahitan' ti"; 法顕訳『大般涅槃経』巻下、二〇六頁下四～一一行「爾時摩訶迦葉在鐸叉那耆利國。遙聞如來在鳩尸那城。欲般涅槃。心大悲戀。與五百比丘緣路而來。去城不遠。身患疲極在於路邊。與諸比丘坐於樹下。見一外道。手執曼陀羅華。迦葉問言。汝從何來。答言。我從鳩尸那城來。迦葉又問。汝知我師應正遍知不。其卽答言。識汝大師在鳩尸那城沙羅林中雙樹之間。已般涅槃。得今七日」

（40）『儀礼注疏』巻三十六「士喪礼」七八二～四頁「祝盛米于敦。奠于貝北。士有冰。用夷槃可也。（中略）乃沐。櫛。挋用巾。浴用巾。挋用浴衣。渜濯棄于坎。蚤揃如他日。鬠用組。乃笄。設明衣裳」

（41）同七八六頁「商祝執巾從入。當牖北面。徹枕設巾。徹楔受貝。奠于尸西。（中略）祝又受米。奠于貝北。宰從立于牀西在右。主人在扱米。實右右三。實一貝。左中亦如之。又實米唯盈」

（42）同七八七～九頁「商祝掩瑱。設幎目。乃屨。綦結于跗。連絇。乃襲三稱。明衣不在筭。設韐帶。搢笏。設決麗于掔。自飯持之。設握乃連掔。設冒櫜之幠用意衾」

（43）同七九〇～二頁。

(44)『後漢書』志第六「礼儀志下」三一四四頁「以木爲重。高九尺。廣容八歴。裹以葦席。巾門喪帳皆以簟」

(45)『儀礼注疏』巻三十六「士喪礼」七九一頁「〔鄭注〕士二鬲。則大夫四。諸侯六。天子八與。簋同差」

(46)『儀礼注疏』巻四十「既夕礼」八九二頁「〔記〕既襲。宵爲燎于中庭」

(47)『三国志』魏書巻三十「東夷伝」点校本二十四史、中華書局、一九五九年、三冊八四六頁「〔東沃沮〕刻木如生形。隨死者爲數。又有瓦鬲。置米其中。編縣之於槨戸邊」。なお文中「木を刻して生形の如くす」とある箇所が『後漢書』では「木を刻して主の如くす」とある。『後漢書』巻八十五「東夷伝」一〇冊二八一六頁「刻木如主」

(48)『儀礼注疏』巻三十六「士喪礼」七九二～三頁「祭服次。散衣次。凡十有九稱。陳衣繼之。不必盡用」

(49)同七九八頁「設牀第于兩楹之閒。衽如初有枕。卒斂徹帷。主人西面馮戸。踊無筭。主婦東面馮。亦如之」

(50)同八〇五頁「宵爲燎于中庭」

(51)『儀礼注疏』巻三十七「士喪礼」八〇六頁「厥明滅燎。陳衣于房。南領西上綪。絞紟衾二。君襚祭服散衣庶襚。凡三十稱」

(52)同八一一～二頁「帷堂。婦人戸西東面。主人及親者升自西階。（中略）士擧遷尸復位。主人踊無筭。卒斂徹帷」

(53)『礼記正義』巻五十六「問喪」一七九二頁。

(54)『儀礼注疏』巻三十七「士喪礼」八一二頁「主人奉尸斂于棺。踊如初。乃蓋。主人降。拝大夫之後至者。北面視肂。(中略)設熬旁一筐。乃塗。踊無筭。卒塗。祝取銘置于肂」

(55)同八二〇頁「三日成服杖」。巻四十一「既夕礼」八九七~九〇一頁「[記]三日絞垂。(中略)居倚廬。寝苫枕塊。不説経帯。哭晝夜無時。非喪事不言。歠粥朝一溢米。夕一溢米。不食菜果。主人乗悪車。白狗幦蒲蔽。御以蒲菆」

(56)同八二一頁「朝夕哭。不辟子卯。婦人即位于堂。南上哭。丈夫即位于門外。西面北上。外兄弟在其南。南上。賓繼之北上。門東。北面西上。(下略)」

(57)最上孝敬『詣り墓』増補版、名著出版、一九八〇年、三四頁。

(58)『儀礼注疏』巻三十七「士喪礼」八二五頁「筮宅。冢人營之」。『礼記正義』巻十二「王制」四四四頁「天子七日而殯。七月而葬。諸侯五日而殯。五月而葬。大夫士庶人三日而殯。三月而葬」

(59)同八二八~九頁「既井椁。主人西面拝工。左還椁反位。(中略)獻材于殯門外。西面北上綪。主人徧視之。如哭椁。獻素獻成亦如之」

(60)同八二九、八三二頁「卜日。既朝哭。皆復外位。卜人先奠亀于西塾上。(中略)卜人坐。作亀興。宗人受亀。示涖卜。涖卜受視反之。宗人退東面。乃旅占。卒不釋亀。告于涖卜與主人。占曰某日從」

(61)『儀礼注疏』巻三十八「既夕礼」八三七頁「主人拝賓。入即位袒。商祝免袒。執功布入。升自西階。盡階不升堂。聲三啓三。命哭」

(62)同八三九~四一頁。

(63)『礼記正義』巻十二「王制」四四八頁「天子七廟。三昭三穆。與大祖之廟而七。諸侯五廟。二昭二穆。與大祖之廟而五。大夫三廟。一昭一穆。與大祖之廟而三。士一廟。庶人祭於寝」

(64)『儀礼注疏』巻四十一「既夕礼」九〇八～九頁「〔記〕薦乘車。鹿淺幦干笮革靾。載旜。載皮辨服。纓轡貝勒。縣于衡。道車載朝服。槀車載蓑笠」

(65)『儀礼注疏』巻三十八「既夕礼」八四六～七頁「有司請祖期。曰日側。主人入袒乃載。踊無筭。卒束襲。降奠當前束。商祝飾柩。一池紐前經後緇。齊三采無貝。設披屬引」

(66)同八五〇～五頁「陳明器於乘車之西。折横覆之。（中略）皆木桁久之。用器。弓矢來耜兩敦兩杅槃匜。匜實于槃中南流。無祭器。有燕樂器可也。役器。甲冑干笮。燕器。杖笠翣」

(67)同八五五～七頁。

(68)『儀礼注疏』巻三十九「既夕礼」八六五、八六八～九頁「厥明。陳鼎五于門外如初。（中略）陳器。滅燎執燭。俠輅北面。賓入者拜之。徹者入。丈夫踊。設于西北。婦人踊。徹者東。鼎入乃奠」

(69)『後漢書』志第六「礼儀志下」三二四五頁「太祝令跪讀謚策。太尉再拜稽首。治禮告事畢。太尉奉謚策。還詣殿端門。太常上祖奠。（中略）治禮引太尉入就位。大行車西少南。東面奉謚策。太史令奉哀策立後。太常跪曰進。皇帝進。太尉讀謚策。藏金匱。皇帝次科藏于廟。太史奉哀策葦篋詣陵」

(70)渡邉義浩主編『全訳後漢書』第四冊、前掲書、二二九頁。

(71)杜佑『通典』巻百四「諸侯卿大夫謚議」中華書局、一九八八年、三冊二七一五頁「周制。諸侯薨。臣子跡累其行。以赴告王。王遣大夫會其葬。因謚之」

(72)渡邉義浩主編『全訳後漢書』第四冊、前掲書、二二二頁。

(73)『儀礼注疏』巻三十九「既夕礼」八七一、八七三頁「甸人抗重。出自道。道左倚之。薦馬。馬出自道。車各従其馬。（中略）行器茵苞器序従。車従」

(74)『後漢書』志第六「礼儀志下」三一四六頁「東園武士執事下明器。（下略）」

(75)渡邉義浩主編『全訳後漢書』第四冊、前掲書、二三五頁。

(76)『儀礼注疏』巻三十九「既夕礼」八七三〜四頁「主人之史請讀賵。執筭従。（中略）讀書釋筭則坐。卒命哭。滅燭。書與筭執之以逆出」

(77)同八七四〜五頁「商祝執功布以御柩。執披。主人袒乃行。踊無筭。出宮。踊襲。至于邦門。公使宰夫贈玄纁束」

(78)『礼記正義』巻四十一「雑記上」一三九〇頁「士喪有與天子同者三。其終夜燎。及乘人專道而行」

(79)狩野直喜「支那古代祭尸の風俗につきて」『支那学』第二巻五号、一九二二年。再録『支那学文藪』みすず書房、一九七三年、六八頁。

(80)『後漢書』志第六「礼儀志下」三一四四頁「方相氏黄金四目。蒙熊皮。玄衣朱裳。執戈掲盾。立乘四馬先驅」

(81)『周礼注疏』巻三十一「夏官司馬」十三経注疏整理委員会、北京大学出版社、二〇〇〇年、九七二頁「[方相氏]大喪先柩。及墓入壙。以戈撃四隅。敺方良」

(82)『養老令』巻九「喪葬令」井上光貞他校注『律令』日本思想大系三、岩波書店、一九七六年、四三六頁「凡親王一品。方相轜車各一具。鼓一百面。大角五十口。小角一百口。幡四百竿。金鉦鐃鼓各二面。楯七枚。發喪三日。（中略）太政大臣。方相轜車各一具」

(83)同六七八頁。

(84)『儀礼注疏』巻四十「既夕礼」八七七～八〇頁「至于壙。陳器于道東西北上。茵先入。屬引。（中略）乃窆。主人哭。踊無筭襲。贈用制幣玄纁束。拜稽顙踊如初。（中略）藏器於旁。加見。藏苞筲於旁。加折卻之。加抗席覆之。加抗木。實土三」

(85)『儀礼注疏』巻四十一「既夕礼」九一二～三頁「［記］車至道左。北面立東上。柩至于壙。斂服載之。卒窆而歸不驅」

(86)『礼記正義』巻五十六「問喪」一七九一頁「送形而往。迎精而反也。其往送也。望望然。汲汲然。如有追而弗及也。其反哭也。皇皇然。若有求而弗得也。故其往送也如慕。其反也如疑。求而無所得之也」。なお「既夕礼」鄭注にも冒頭と同じ言葉が見える。同九一三頁「送形而往。迎精而反。亦禮之宜」

(87)小南一郎「漢代の祖霊観念」前掲論文、一三～一四頁。

第三章注

(1)『釈名』「釈喪制」叢書集成簡編、台湾商務印書館、一九六六年、一三五頁「既葬還祭於殯宮曰虞。謂虞樂安神使還此也」。なお隋の仁寿元年（六〇一）撰述の『切韻』から知られる七世紀の長安の中古音では、虞は［ngiu］であり、楽は［ngåk］である。また近代の北京官話では、虞は［yü］であり、楽は［yüe］である。以下を参照。Bernhard Karlgren, *Grammata serica recensa*, Östasiatiska Samlingarna, Stockholm, 1972, p.36, 289.

(2)『春秋公羊伝注疏』文公二年、十三経注疏整理委員会編、北京大学出版社、二〇〇〇年、三二三頁「禮虞祭。天子九。諸侯七。卿大夫五。士三。其奠處猶吉祭」。『礼記正義』巻四十三「雑記下」一四一八頁「士三虞。大夫五。諸侯七」

（3）『儀礼注疏』巻四十三「士虞礼」九四九頁「［記］始虞用柔日」

（4）西岡弘『中国古代の葬礼と文学』前掲書、六三二頁。池田末利『儀礼Ⅳ』前掲書、四一九頁。

（5）白川静『字統』前掲書、三五九頁。

（6）『礼記正義』巻二十六「郊特牲」九五五頁「尸神象也」

（7）『儀礼注疏』巻四十二「士虞礼」九二七頁「［鄭注］尸主也。孝子之祭。不見親之形象。心無所繫。立尸而主意焉」

（8）『儀礼注疏』巻四十三「士虞礼」九四五～六頁「［記］尸服卒者之上服。男男尸。女女尸。必使異姓。不使賤者」

（9）『儀礼注疏』巻四十二「士虞礼」九二七～八頁。

（10）『礼記正義』巻二十六「郊特牲」九五五頁「祝将命也」

（11）『儀礼注疏』巻三十六「士喪礼」七八四頁「［鄭注］商祝。祝習商禮者」。同七九一頁「夏祝。祝習夏禮者也」

（12）『儀礼注疏』巻四十二「士虞礼」九二九～三一頁「従者錯篚于尸左席上。立于其北。尸取奠。左執之。（中略）三飯。佐食擧幹。尸受。振祭嚌之。實于篚。又三飯。擧胳祭如初。佐食擧魚腊。實于篚。又三飯。擧肩祭如初。擧魚腊俎。俎釋三个」

（13）同九三二～四頁「主人洗廢爵。酌酒酳尸。尸拜受爵。主人北面荅拜。尸祭酒嘗之。（中略）尸卒爵。

祝受。不相爵。主人拜。尸荅拜。祝酌授尸。尸以醋主人。主人拜受爵。尸荅拜。主人坐祭。卒爵拜。尸荅拜」

(14) 同九三五頁「主婦洗足爵于房中。酌亞獻尸。如主人儀」

(15) 同九三五頁「賓長洗繶爵。三獻。燔從如初儀」

(16) 同九三六頁「祝出尸。西面告利成。主人哭。皆哭。祝入尸謖。從者奉篚哭如初。祝前尸出戸。踊如初。降堂。踊如初。出門。亦如之」

(17) 『儀礼注疏』巻四十三「士虞礼」九五二頁「〔記〕卒哭他用剛日」

(18) 『礼記正義』巻九「檀弓下」三一八～九頁。

(19) 『礼記正義』巻十九「曾子問」七一一～二頁「曾子問曰。祭必有尸乎。若厭祭亦可乎。孔子曰。祭成喪者必有尸。尸必以孫。孫幼。則使人抱之。無孫。則取於同姓可也。祭殤必厭。蓋弗成也。祭成喪而無尸。是殤之也」

(20) 『礼記正義』巻三「曲礼上」八六頁「禮曰。君子抱孫不抱子。此言孫可以爲王父尸。子不可以爲父尸」

(21) 『魏書』巻四十八「高允伝」点校本二十四史、中華書局、一九七四年、一〇七五頁「允以高宗纂承平之業。而風俗仍舊。婚娶喪葬。不依古式。允乃諫曰。(中略)古者祭必立尸。序其昭穆。使亡者有憑。致食饗之禮。今已葬之魂。人直求貌類者。事之如父母。燕好如夫妻。損敗風化。瀆亂情禮。莫此之甚。上未禁之。下不改絶。此四異也」

(22) 池田末利「立尸考——その宗教的意義と原初形態」『広島大学文学部紀要』第五号、一九五四年。

再録『中国古代宗教史研究――制度と思想』東海大学出版会、一九八一年、六二四、六三二頁。

（23）『礼記正義』巻二十三「礼器」八六六～八頁「三代之禮一也。民共由之。或素或靑。夏造殷因。周坐尸。詔侑武方。其禮亦然。其道一也。夏立尸而卒祭。殷坐尸。周旅酬六尸」

（24）『礼記正義』巻二十六「郊特牲」九五五頁「古者尸。無事則立。有事而后坐也」

（25）同九五三～五頁。

（26）『礼記正義』巻二十四「礼器」八八三頁「大廟之内敬矣。君親牽牲。大夫贊幣而從。君親制祭。夫人薦盎。君親割牲。夫人薦酒。卿大夫從君。命婦從夫人。洞洞乎其敬也。屬屬乎其忠也。勿勿乎其欲其饗之也。納牲詔於庭。血毛詔於室。羹定詔於堂。三詔皆不同位。蓋道求而未之得也。設祭于堂。爲祊乎外。故曰。於彼乎。於此乎」

（27）白川静『字統』前掲書、四〇四頁。

（28）白川静『孔子伝』中央公論社、一九七二年。中公文庫版、一九九一年、六九頁。

（29）『朱子語類』巻九十「礼七」『朱子全書』十七冊三〇四四頁「嘗見崇安余宰。邵武人。説他之郷里有一村名密溪。去邵武數十里。此村中有數十家。事所謂中王之神甚謹。所謂中王者。每歲以序輪一家之長一人爲中王。周而復始。凡祭祀祈禱。必請中王坐而祠之。歲終則一鄕之父老合樂置酒。請新舊中王者講交代之禮。此人既爲中王。則一歲家居寡出。恭謹畏愼。略不敢爲非。以副一村祈向之意。若此村或有水旱災沴。則人皆歸咎於中王。以不善爲中王之所致。此等意思。皆古之遺聞。近來數年。此禮已廢矣。看來古人用尸自有深意。非朴陋也」

（30）『礼記正義』巻四十一「雑記上」一三七八頁「重既虞而埋之」

(31) 『儀礼注疏』巻四十三「士虞礼」九六四～五頁。
(32) 『礼記正義』巻九「檀弓下」三一一頁「重主道也。〔鄭注〕始死未作主。以重主其神也。重既虞而埋之。乃後作主」
(33) 班固『白虎通』陳立『白虎通疏証』巻十二「闕文」新編諸子集成、中華書局、一九九四年、五七六頁「祭所以有主者何。言神無所依據。孝子以主係心焉」
(34) 『礼記正義』巻九「檀弓下」三一一頁「殷主綴重焉。周主重徹焉」
(35) 『春秋左伝正義』巻十八「文公二年」十三経注疏整理委員会編、北京大学出版社、二〇〇〇年、五六七頁「丁丑。作僖公主。書不時也」
(36) 『春秋穀梁伝注疏』巻十「文公二年」十三経注疏整理委員会、北京大学出版社、二〇〇〇年、一八三頁「立主。喪主於虞。吉主於練」
(37) 『春秋公羊伝注疏』巻十三「文公二年」十三経注疏整理委員会、北京大学出版社、二〇〇〇年、三二三頁「主者曷用。虞主用桑。練主用栗」
(38) 許慎『五経異義』杜佑『通典』巻四十八「天子皇后及諸侯神主」所引（『白虎通疏証』前掲書）五七六頁「主者神象。孝子既葬心無所依。所以虞而立主事之」
(39) 『春秋左伝正義』巻十七「僖公三十三年」五五〇頁「〔經〕乙巳。公薨于小寢。〔傳〕葬僖公緩。作主非禮也。凡君薨。卒哭而祔。祔而作主。特祀於主。烝嘗禘於廟」
(40) これについて内野台嶺は「『左伝』は、この祔の祭の時に初めて主が出来るとするが、誤りであろう」と判断した（「「主」考」『内野台嶺先生追悼論文集』同刊行会、一九五四年、五頁）。しかし本文に述べた理由からすればこの判断は訂正されるべきである。

(41)『後漢書』志第六「礼儀志下」三一四八頁「還宮反虞。立主如禮。桑木主尺二寸。不書謚」

(42)『春秋公羊伝注疏』巻十三「文公二年」三二三頁「禮士虞記曰。桑主不文。吉主皆刻而謚之。蓋爲禘祫時別昭穆也」。主の材質をたがえる事実を日本の位牌の作り替えになぞらえることについては、すでに西岡弘の指摘がある（前掲書、一七八頁）。

(43) 位牌持ちは相続人の役割とするのがほぼ全国的な習慣だが例外もある。内位牌を相続人の嫁が持ち、外位牌を分家の嫁か姪に持たせるところもある。孫が位牌持ちになるところもあるという（桜田勝徳「位牌持ち」『民間伝承』第一一巻一〇・一一号、一九四七年。再録『葬送墓制研究集成』名著出版、一九七九年、二九八頁）。地域によっては位牌をふたつ作ると次の死人が出るといって忌みきらう。墓地へ持っていった位牌をまた持ち帰り、四十九日まで家で祀るという（土井卓治『葬送と墓の民俗』岩田書院、一九九七年、三三八頁）。

(44)『礼記正義』巻十八「曾子問」六八六頁「曾子問曰。古者師行。必以遷廟主行乎。孔子曰。天子巡守。以遷廟主行。載于齊車。言必有尊也」。軍事遠征に際しては社と遷廟の主を奉戴した。『周礼』「小宗伯」に記事がある。鄭玄の注に、王が軍隊を出動させるときは最初に社と遷廟のことにたずさわるとある。社主を軍社と呼び、遷廟の主を祖と呼んだという。『周礼注疏』巻十九「春官小宗伯」五八一頁「若大師則帥有司而立軍社。奉主車。〔鄭注〕有司大祝也。王出軍。必先有事於社及遷廟。而以其主行。社主曰軍社。遷主曰祖」。以下を参照。Édouard Chavannes, "Le dieu du sol dans la Chine antique", *Le T'ai chan: Essai de monographie d'un culte chinois*, Annales du Musée Guimet, Bibliothèque d'études, XXI, Ernest Leroux, Paris, 1910, p.512; 拙訳『古代中国の社――土地神信仰成立史』平凡社東洋文庫、二〇一八年、五四頁。

(45)『史記』巻四「周本紀」一五六頁「九年。武王上祭于畢。東観兵。至于盟津。爲文王木主。載以車中軍。武王自稱太子發。言奉文王以伐。不敢自專」

(46)許慎や鄭玄は『儀礼』の経文に主に関する記述がないことを理由に、主が天子と諸侯にだけあって大夫や士にはなかったとする「大夫士無主説」を唱えた。のちに杜佑が『通典』巻四十八「卿大夫士神主及題板」において説くように、これに反駁する「大夫士有主説」が主張された。以下を参照。吾妻重二「木主について――朱子学まで」福井文雅博士古稀記念論集『アジア文化の思想と儀礼』春秋社、二〇〇五年、一四四頁。

(47)許慎『五経異義』五七七頁「木主之状四方。穿中央以達四方。天子長尺二寸。諸侯長尺。皆刻謚于其背」

(48)吾妻重二「木主について」前掲論文、一四五頁。

(49)丘光明他『中国科学技術史　度量衡巻』科学出版社、二〇〇一年、二〇一頁。

(50)『春秋穀梁伝注疏』巻十「文公二年」一八三頁「〔疏〕宗廟主皆用栗。右主八寸。左主七寸。廣厚三寸。若祭訖。則内於西壁埳中。去地一尺六寸。右主謂父也。左主謂母也」

(51)蕭嵩他撰『大唐開元礼』巻百三十九「三品以上喪之二」古典研究会編『大唐開元礼』汲古書院、一九七二年、六六八頁。

(52)吾妻重二「木主について」前掲論文、一五四頁。

(53)『礼記正義』巻三「曲礼上」九一頁「禮不下庶人。刑不上大夫」

(54)朱熹「家礼序」『朱子全書』七冊八七三頁「凡禮有本有文。自其施於家者言之。則名分之守。愛敬之實者。其本也。冠婚喪祭儀章度數者。其文也。其本者有家日用之常禮。固不可以一日而不修」

(55)吾妻重二「儒教儀礼研究の現状と課題」前掲論文、一〇〇頁。

(56)『家礼』巻四「喪礼」『朱子全書』七冊九〇五頁「不作佛事。〔注〕司馬公曰。世俗信浮屠誑誘。於始死及七七日。百日期年再期。除喪飯僧。設道場。或作水陸大會。寫經造像。修建塔廟」

(57)玄奘訳『瑜伽師地論』巻一「本地分中意地」大正一五七九、三〇巻二八二頁上二七～中二行「此中有。若未得生縁極七日住。有得生縁卽不決定。若極七日未得生縁死而復生。極七日住。如是展轉未得生縁。乃至七七日住。自此已後決得生縁」

(58)朱熹『家礼』第一「通礼」『朱子全書』七冊八七五頁「古之廟制不見於經。且今士庶人之賤亦有所不得爲者。故特以祠堂名之。而其制度亦多用俗禮云」

(59)朱熹『家礼』第四「喪礼」九二一頁「無官封則以生時所稱爲號」

(60)同九二三頁「〔虞祭〕祝出神主於座。主人以下皆入哭」

(61)同九二四頁「〔卒哭〕質明。祝出主」「〔祔〕詣祠堂。奉神主出。置於座」。同九二七頁「〔小祥〕質明。祝出主。主人以下皆入哭」

(62)同九〇五頁。

(63)同九二四頁「祝埋魂帛。祝取魂帛。帥執事者埋於屏處潔地」

(64)同九〇五頁「立銘旌。〔注〕以絳帛爲銘旌。廣終幅。三品以上九尺。五品以下八尺。六品以下七尺。書曰。

某官某公之柩。無官卽隨其生時所稱。以竹爲杠。如其長。倚於靈座之右」

(65)「主牌」の語は『朱子語類』巻八十四「論後世礼書」に見える。『朱子全書』十七冊二八八三頁「叔器問四先生禮」又問。向見人設主。有父在子死。而主牌書父主祀字。如何」。同二八八四頁「溫公所作主牌甚大。闊四寸。厚五寸八分。不知大小當以何者爲是」

(66) 杜佑『通典』巻四十八「卿大夫士神主及題板」中華書局点校本、一九八八年、一三四六頁「晉劉氏問蔡謨云。時人祠有板。板爲用當主。爲是神坐之榜題。謨答。今代有祠板木。乃始禮之奉廟主也。主亦有題。今板書名號。亦是題主之意」

(67) 張載『経学理窟』「自道篇」四部備用『張子全書』巻七、台湾中華書局、一九六六年、七紙裏「祭堂後作一室。都藏位板。如朔望薦新。只設於室惟。分至之祭設於堂。位板正世與配位宜有差」

(68) 吾妻重二「木主について」前掲論文、一五九頁。

(69) 朱熹『晦庵先生朱文公文集』巻六十三「答郭子従」『朱子全書』二三冊三〇五二頁「江都集禮晉安昌公荀氏祠制云。祭版皆正側長一尺二分。博四寸五分。厚五分。八分大書」。なお、末尾の文「厚さ五分。八分にて大書す」を杜佑が誤って「厚さ五寸八分。大書す」と解した。そのためこれに依拠して幅よりも厚みがある直方体の神版が頻繁に作られたという。以下を参照。吾妻重二「木主についで」前掲論文、一五七頁。

(70) たとえば、新疆省吐魯番出土の北涼承平十五年(四五七)銘『仏説菩薩蔵経第一』が書道博物館に所蔵されている。北涼体の八分は同時代の墓誌にも用いられた。吐魯番出土の承平十三年(四五五)銘『沮渠封戴墓表』が新疆博物館に所蔵されている。

(71)『宋史』巻百九「礼志十二」点校本二十四史、中華書局、一九七七年、八冊二六三四頁「〔群臣家廟〕神板長一尺。博四寸五分。大書某官某大夫之神坐。貯以帛囊。藏以漆函」。神版については荻生徂徠に意見がある。主は家廟を有する家に置かれるもので、その孔《あな》の空隙に先祖の神霊がつどう。そこに文字を記す必要はなかった。かたや神版には神霊の宿る孔はない。そこで文字を記して位置すべきところを示したという。これは主と神版の差異を指摘した意見だが、ここではむしろ神霊の拠る場所を設けた両者の連続に注目したい。荻生徂徠「答松子錦問神主制度」『徂徠集』巻二十八「書牘」一元文五年刊本影印本、近世儒家文集集成第三巻、ぺりかん社、一九八五年、三〇八頁「主與版意謂自別。主者廟之主也。有廟有主。無廟無主。毀廟藏焉瘞焉。所以寓神也。故六孔相通。神集於虚。（中略）可無題署。題其背者。有司之守也。版者所以表識其位也。非以寓神。故無孔其形梃長。題其面」

(72)拙稿「罪を分解する」前掲論文、九一～九二頁。

(73)丸山宏『道教儀礼文書の歴史的研究』汲古書院、二〇〇五年、二九四頁。

(74)二階堂善弘「中国の道教・民間信仰における霊魂観」『日中韓の霊魂観の違い』アジア遊学一〇一号、勉誠出版、二〇〇七年、八六頁。

(75)丸山宏「中国道教の現状――台湾篇」野口鐵郎他編『道教事典』平河出版社、一九九四年、六七三頁。

(76)大淵忍爾「道教儀礼」大淵忍爾編『中国人の宗教儀礼――仏教 道教 民間信仰』福武書店、一九八三年、四六四頁。

(77) 同書、四七〇頁。
(78) 劉枝萬『台湾の道教と民間信仰』風響社、一九九四年、二六七頁。
(79) 直江廣治「民間信仰儀礼」大淵忍爾編『中国人の宗教儀礼』前掲書、一〇四〇頁。
(80) 丸山宏氏の教示による。記して謝意を表したい。
(81) 劉枝萬『中国道教の祭りと信仰』下巻、桜楓社、一九八四年、七七頁。
(82) 直江廣治「民間信仰儀礼」前掲論文、一〇四七頁。
(83) 同書、一〇七六頁。
(84) 丸山宏「中国道教の現状」前掲論文、六七五頁。
(85) 大淵忍爾「道教儀礼」大淵忍爾編『中国人の宗教儀礼』前掲書、五六五頁。
(86) 古家信平「死者儀礼」『道教事典』前掲書、二三六頁。
(87) 拙著『道教の世界』講談社選書メチエ、二〇一二年、一一二頁。
(88) 『漢書』巻六「武帝紀」一九九頁「太初元年冬十月。行幸泰山。(中略)十二月。禪高里。祠后土。東臨勃海。望祠蓬萊。[注]師古曰。此高字自作高下之高。而死人之里謂之蒿里。或呼為下里者也。字則為蓬蒿之蒿。或者既見太山神靈之府。高里山又在其旁。即誤以高里為蒿里。混同一事。文学之士共有此謬。陸士衡尚不免。況其餘乎。今流俗書本此高字有作蒿者。妄加增耳」
(89) 蒿里の丘の森羅殿にある至元二十一年(一二八四)銘碑の冒頭に「蒿里者古之挽章之名」とある。すなわち「蒿里はいにしえの挽歌の名」という。挽歌に出る蒿里と泰山の南にある高里とは本来は無関係だが、両者が混同されたのには理由がある。漢魏叢書本『古今注』は次のように言う。「薤露と蒿里はともに葬送の歌で、田横の門人の作である。田横がみずから命を絶ったとき、門人らがそれを悲しんで哀歌を作った。歌はふたつに分かれ、人の命が薤の葉の朝露のごとくたちまち消えることと、蒿里に帰りゆく死者の魂とを歌う。第一の歌に『薤の葉にたまった朝の露は、日が照ればたちまちに消えてしまう。露は消えても明日になればまた薤の葉は湿り気を取り戻す。しかし人が死んでひとたび去れば、もはやもどって来ることはない』とある。第二の歌に『蒿の里は誰の住む家か。賢い者の魂も愚かな者の魂も、へだてなくここに集められる。どうして鬼どもはそんなにせかすのか。人の命は束の間もとどまることがない』とある。漢の武帝の時代に李延年がこれをふたつの曲にした。薤露は王侯貴族の野辺送りに歌われ、蒿里は役人や庶民を送るときに歌われる。棺を挽く者たちに歌わせたので、ふたつの歌を挽歌と呼んだのである」と。『古今注』巻中「音楽」乾隆五十六年刻八十六種本『増訂漢魏叢書』大化書局、一九八三年、三〇三八頁「薤露蒿里並喪歌也。出田横門人。横自殺門人傷之。爲之悲歌。言人命如薤上之露易晞滅也。亦謂人死魂魄歸乎蒿里。故有二章。一章曰。薤上朝露何易晞。露晞明朝還復滋。人死一去何時歸。其二曰。蒿里誰家地。聚斂魂魄無賢愚。鬼伯一何相催促。人命不得少踟躕。至孝武時。李延年乃分爲二曲。薤露送王公貴人。蒿里送士大夫庶人。使挽柩者歌之。世呼爲挽歌」

(90)　Chavannes, *Le T'ai chan, op. cit.*, p.109; 拙訳『泰山——中国人の信仰』勉誠出版、二〇〇一年、六四頁。

(91)　「光緒二十九年蒿里山墓碑」拙訳『泰山』図三〇「山東濟南府長山縣東路理順約五里橋道莊。三代宗親之位。光緒二十九年二月立」

（92）「光緒三十二年蒿里山墓碑」拙訳『泰山』図二九「山東濟南府長山縣南路孟家堰莊人等。敬祀昔維先代宗親之所。大清光緒歳次丙午仲春吉日」

（93）『後漢書』巻九十「烏桓傳」二九八〇頁。

（94）『小右記』永祚元年二月条、大日本古記録一、岩波書店、一九五九年、一六〇頁「十一日。壬戌。参内。皇大后宮俄有惱御。攝政被馳參。昨日院仰事今日申攝政。令勘申尊勝法太山府君祭日。御修法事□遣天台座主許。御祭□晴明奉仕」

第四章注

（1）圭室諦成『葬式仏教』大法輪閣、一九六三年、一三〇頁。

（2）『祖堂集』巻十四「百丈和尚」高麗大蔵経一五〇三、東国大学校、一九七六年、四五巻三二三頁上九～一三行「師平生苦節。高行難以喩言。凡日給執勞。必先於衆。主事不忍。密收作具。而請息焉。師云吾無德。爭合勞於人。師遍求作具。既不獲。而亦忘喰。故有一日不作一日不食之言」

（3）『禅苑清規』巻七「尊宿遷化」大日本続蔵経（以下「続蔵」と略記）一一一冊、蔵経書院、一九一一年、四五八紙裏上一二～一六行。本文中の訓読ならびに解釈は以下に負うところが大きい。鏡島元隆、佐藤玄達、小坂機融『訳註禅苑清規』曹洞宗宗務庁、一九七二年。

（4）『儀礼注疏』巻三十五「士喪礼」七六五頁「乃赴于君。主人西階東。南面命赴者。拜送。有賓則拜之」。巻四十「既夕礼」八八八頁「[記]赴曰。君之臣某死。赴母妻長子。則曰。君之臣某之某死」

（5）『禅苑清規』巻七「尊宿遷化」四五八紙裏上一六～下三行。

（6）成河峰雄「禅宗の喪葬儀礼」愛知学院大学『禅研究所紀要』第二四号、一九九五年、一三五頁。

（7）無著道忠撰『禅林象器箋』第二類「殿堂門」貝葉書院、一九〇九年。誠信書房再刊、一九六三年、二〇頁「演説大法之堂。故云法堂」

（8）『禅林象器箋』第十九類「喪薦門」五六二頁「眞者眞儀。卽遷化尊宿肖像也」

（9）成河峰雄「禅宗の喪葬儀礼」前掲論文、一三九頁。

（10）『禅林象器箋』第二十八類「器物門」八三五頁「舊説曰。眞亭掛亡尊宿眞影之器。忠曰。眞亭製四柱四字。其形如亭。（中略）續文獻通考皇后喪禮云。明穆宗隆慶元年。孝潔肅皇后。遷祔永陵儀。執事官。進龍輴于亭殿下。設眞亭神位。輿謚冊寶輿于殿前」

（11）面山瑞方撰『洞上僧堂清規考訂別録』巻七「喪法考訂」曹洞宗全書清規、曹洞宗全書刊行会、一九二九年、八八頁上一五〜下三行「古規ニ、眞亭、香亭アリ、コレモト儒家ノ靈車ト香案ニ擬ス、（中略）モシ眞亭アレバ、必ズ香亭アリ、兩亭アラバ位牌ト提鑪ヲ略ス、道忠ノ小規ニ圖ヲ出ス、文公家禮ノ圖ヲ模セリ」

（12）無著道忠撰『小叢林略清規』巻下「図式」大正二五七九、八一巻七二三頁中「眞亭圖」

（13）*Mahāparinibbāna-suttanta*, V.2, *op. cit.*, p.137. "tena kho pana samayena yamaka-sālā sabba-phāliphullā honti akāla-pupphehi. te tathāgatassa sarīram okiranti ajjhokiranti abhippakiranti tathāgatassa pūjāya." 漢訳は『長阿含経』巻三「遊行経」（二一頁上七〜九行）と法顕訳『大般涅槃経』にある。法顕訳『大般涅槃経』一九九頁上一四〜一六行「爾時雙樹忽然生花。墮如來上。世尊卽便問阿難言。汝見彼樹非時生花供養我不」

(14) 若那跋陀羅訳『大般涅槃経後分』巻上「応尽還源品」大正三七七、一二巻九〇五頁上八～一二行「大覺世尊入涅槃已。其沙羅林東西二雙合爲一樹。南北二雙合爲一樹。垂覆寶床蓋於如來。其樹卽時慘然變白猶如白鶴」

(15) 賛寧撰『宋高僧伝』巻二「唐波凌国智賢伝」大正二〇六一、五〇巻七一七頁中二四～二八行「釋若那跋陀羅。華言智賢。南海波凌國人也。善三藏學。麟德年中有成都沙門會寧。欲往天竺觀禮聖蹟。泛舶西遊。路經波凌。遂與智賢同譯涅槃後分二卷」

(16)『禅苑清規』巻七「尊宿遷化」四五八紙下九～一八行。

(17)『禅林象器箋』第二類「殿堂門」二六頁「住持正寢之堂也。(中略)連寢堂而有方丈。蓋寢堂者住持講禮之處」

(18) 成河峰雄、前掲論文、一四二頁。ここでは『儀礼』には真にあたるものはなく、『大唐開元礼』に真にあたる虞主があるとして、掛真は『儀礼』ではなく『大唐開元礼』の影響によると説かれている。しかし前述のとおり『儀礼』や『礼記』で主が立てられるのは、虞祭が終わり卒哭も終わって凶礼から吉礼に転じたときである。したがってここでは虞主そのものがありえないことになるが、『春秋公羊伝』には虞主が説かれている。したがって主を真にあたるものとするならば、それはすでに漢代からあったことになる。

(19)『禅苑清規』巻七「亡僧」四五六紙下八～一二行。

(20) 法顕訳『大般涅槃経』二〇四頁下二三～二四行。

(21) 道宣撰『中天竺舎衛国祇洹寺図経』大正一八九九、四五巻八九三頁下一四～一五行、二三～二八

行「[西塞名無常院」院有八鐘。四白銀四頗梨銀鐘在院四角。(中略) 其頗梨鐘形如腰鼓。鼻有一金毘侖。乘金師子手執白拂。病僧氣將大漸。是金毘侖口説無常苦空無我。手擧白拂鍾卽自鳴。音中亦説諸行無常是生滅法。生滅滅已寂滅爲樂。病僧聞音苦惱卽除得清涼樂。如入三禪垂生淨土」。大正新修大蔵経に収める『祇洹図経』の末尾に元慶四年(八八〇)の円珍の跋がある。唐元和元年(八〇六)に書写されたものを円珍が請来したことが知られる。のちに中国では散逸した。『祇洹図経』は序文で天人感応の所産と称しているが、散逸した北斉の霊裕の著作に負うところがあり、さらに西域求法僧らの伝聞にもとづくインドのナーランダ寺院の投影も少なくないという(藤善眞澄『道宣伝の研究』京都大学学術出版会、二〇〇二年、三九六頁)。無常院に関する記載はいずれに依拠したのか。

(22) 築島裕、坂詰力治、後藤剛編『最明寺本往生要集訳文編』汲古書院、一九九二年、五二頁。青蓮院本『往生要集』もほぼ同文である(石田瑞麿校注『源信』日本思想体系、岩波書店、一九七〇年、四九頁頭注)。これを受けたのが『栄花物語』の記事とされる。治安二年(一〇二二)藤原道長造営にかかる法成寺の落慶供養を伝えたものである。そこを経由して『平家物語』の冒頭に接続していくのだろう。『栄花物語』巻十七「おむがく」日本古典文学大系、岩波書店、一九六五年、七〇頁「かの天竺の祇園精舎の鐘の音、諸行無常是生滅法生滅〻已寂滅爲樂と聞ゆなれば、病の僧この鐘の聲をきゝて、皆苦しみ失せ、或は淨土に生るなり」

(23) 松浦秀光『尊宿葬法の研究』山喜房仏書林、一九八五年、一〇五頁。

(24) 中村元『仏教語大辞典』東京書籍、一九八一年、七七八頁。

(25) 『禅苑清規』巻七「亡僧」四五六紙下一二行〜四五七紙表上一二行。

(26) 沮渠京声訳『浄飯王般涅槃経』大正五一二、一四巻七八三頁上一三～一四行「爾時世尊。威光益顯。如萬日並。如來躬身。手執香爐。在喪前行。出詣葬所」

(27) 成河峰雄「禅宗の喪葬儀礼」前掲論文、一四七頁。

(28) 『禅苑清規』巻七「亡僧」四五七紙上八～九行「准律死屍幷衣物並不得塔下過。亦不得於塔下燒死屍」

(29) 佛陀耶舍共竺佛念等訳『四分律』巻五十二「雑揵度」大正一四二八、二二巻九五七頁下一八～二二行、九五八頁上七～一三行「時諸外道常莊嚴供養外道塔廟。諸優婆塞作如是念。若世尊聽我等莊嚴供養世尊塔者我當作。諸比丘白佛。佛言聽作如上。彼在世尊塔内宿。佛言不應爾。彼爲守塔故。畏愼不敢在塔内宿。（中略）彼持死屍塔下過。佛言不應爾。彼於塔下埋死人。佛言不應爾。彼於塔下燒死屍。佛言不應爾。彼於塔前燒死屍。佛言不應爾。彼於塔四面燒死屍令臭氣入。護塔神瞋。佛言不應於塔四面燒死屍令臭氣入。彼持死人衣若床從塔下過。護塔神瞋。佛言不應爾」

(30) 梁の天監十七年（五一八）に没した僧祐の『出三蔵記集』によれば、仏陀耶舎がインド西北の罽賓において律典を暗誦し、梵本をたずさえずに長安に至った。この暗誦をもとに四分四十巻が訳出され、後秦の弘始十四年（四一二）に終了したという。僧祐撰『出三蔵記集』巻三「新集律来漢地四部序録」大正二一四五、五五巻二〇頁中二五～二七行、下七～九行「罽賓三藏法師佛陀耶舍所出也。初耶舍於罽賓誦四分律。不齎胡本而來遊長安。（中略）於長安中寺集名德沙門五百人。請罽賓三藏佛陀耶舍出律藏。四分四十卷十四年訖」。その直後に訳出された『長阿含経』の場合と同じく、竺仏念が共訳者として漢訳に参加したとされる。以下を参照。平川彰『律蔵の研究』山喜房佛書林、

一九六〇年。再録『平川彰著作集』第九巻、春秋社、一九九九年、一四〇頁。

(31) 藤善眞澄、前掲書、一一六頁。

(32)『中天竺舎衛国祇洹寺図経』八九三頁中一二～一九行「西第三院名陰陽書籍院。百億天下陰陽群籍總集此坊。佛開比丘一時有閱爲惟異術。有六小鼓。(中略) 時至便聲僧人如前聞聲。開戸比丘讀書鼓聲不絕。便自開解不勞人授。鼓音又說日月星辰宮殿廣狹度數之法。及百億世界陰陽異術」。五世紀以降、中国の求法僧が祇園精舎を訪れている。東晋の義熙十年(四一四)以後に撰述された『高僧法顕伝』によれば、盛況を誇っていた時代の七層の伽藍はすでに廃絶したものの、なお十八の堂宇が周囲に点在していた。無常院のことは記してないが、精舎の西北に得眼と呼ばれる林があったと伝える。かつて盲目の人五百人がここに身を寄せた。ブッダの教えを聞いて誰もが眼を開くことができたので、この名があるという。『高僧法顕伝』大正二〇八五、五一巻八六〇頁中二四～二七行、八六一頁上七～八行「祇洹精舍本有七層。諸國王人民競興供養。懸繒幡蓋散華燒香燃燈續明日日不絕。鼠含燈炷燒幡。蓋遂及精舍七重都盡。(中略) 近有此事繞祇洹精舍。有十八僧伽藍。盡有僧住」八六〇頁下八～一二行「精舍西北四里有林。名曰得眼。本有五百盲人依精舍住此。佛爲說法盡還得眼。(中略) 遂成爲林是故以得眼爲名」

(33) 道宣撰『四分律刪繁補闕行事鈔』巻下四「瞻病送終篇」大正一八〇四、四〇巻一四四頁上一二～二〇行。同じく道宣の『四分律比丘尼鈔』は「祇桓図に云う」として『行事鈔』の記事を節略して伝える。道宣撰『四分律比丘尼鈔』巻六「送終篇」大日本続蔵経六四冊、蔵経書院、一九〇九年、八九葉裏上一一～一五行「如西國祇桓圖云。寺西北角日光沒處。爲無常院。若有病者安置在中。堂號無常。多生戀著厭背。去者極多。還唯一二。其堂内安一立形像。金色塗之。面向西方。其像右手擧。左手中繋一五綵幡。令病人手執幡脚。作往生淨土之意」。北宋の楊傑が熙寧九年（一〇七六）に記した『浄土十疑論序』に祇園精舎無常院にて「病者をして西を面して往生浄土想を作さしむ」とあるのも『行事鈔』もしくは『四分律比丘尼鈔』に依拠するか。楊傑撰『浄土十疑論序』大正一九六一、四七巻七七頁上二三〜二四行「所以祇洹精舎無常院。令病者面西作往生淨土想」。道世が総章元年（六六八）に撰述した『法苑珠林』は「西域祇桓寺図に依りて云う」として『行事鈔』とほぼ同文を示す。同じく道世の『諸経要集』も同文である。道世撰『法苑珠林』巻九十五「病苦篇」大正二一二二、五三巻九八七頁上九〜一六行「依西域祇桓寺圖云。寺西北角日光沒處爲無常院。若有病者安置在中。堂號無常。多生厭背。去者極衆。還唯一二。其堂内安一立像金色塗者。面向東方。當置病人在像前坐。若無力者。令病人臥。面向西方觀佛相好。其像手中繋一五色綵幡。令病人手執幡脚。作往生淨土之意」。道世撰『諸経要集』大正二一二三、五四巻一七六頁下二〇〜二六行（同文）。

(34) 元照撰『四分律行事鈔資持記』巻下四「釈瞻病篇」大正一八〇五、四〇巻四一一頁上二七〜二八行「次文中國本傳。壇經所謂別傳是也。日光沒處者。壇經云西方爲無常之院」

(35) 藤善眞澄、前掲書、三九一頁。道宣の『続高僧伝』は霊裕の著作五十余巻中に『聖迹記』二巻の名を記す。同じく道宣の『大唐内典録』も著作八部中にその名を記す。道宣撰『続高僧伝』巻九「隋相州演空寺釈霊裕伝」大正二〇六〇、五〇巻四九七頁下一九行「自年三十卽存著述。（中略）聖迹記兩卷。（中略）幷雜集等五十餘卷」。道宣撰『大唐内典録』巻五「歴代衆経伝訳所従録」大正二一四九、五五巻二七七頁下一三行「聖迹記二卷。（中略）右八部合三十卷。相州大慈寺沙門靈裕撰」。

霊裕の著作活動については以下を参照。牧田諦亮「宝山寺霊裕伝」『東方学報』京都三六冊、一九六四年。再録『中国仏教史研究 第二』大東出版社、一九八一年、二四五～二五八頁。

(36)『中天竺舎衛国祇洹寺図経』八九四頁上五～七行「裕師又説次小巷北第二院。名聖人病坊院。開門如上。舎利弗等諸大聖人有病投中。房堂衆具須皆備。有醫方藥庫常以供給」

(37)『四分律行事鈔資持記』巻下四「釈瞻病篇」四一一頁中一～三行「今號延壽。豈非相反。專心念法者。由非舊處。無心戀著。但念無常必思勝法故也」。北宋の道誠が天禧三年（一〇一九）に撰述した『釈氏要覧』は、「西域伝に云う」として『行事鈔』と類似の文を示し、「今、延寿堂、涅槃堂と称う」と注した。道誠撰『釈氏要覧』大正二一二七、五四巻三〇六頁中二四～二八行「無常院。西域傳云。祇桓西北角日光沒處。爲無常院。若有病者。當安其中。意爲凡人内心貪著房舍衣鉢道具。生戀著心無厭背故。制此堂令聞名見題悟一切法無彼常故。今稱延壽堂涅槃堂者。皆後人隨情愛名之也」

(38)同、四一一頁中三～四行「其堂中下次明設像。立彌陀者。歸心有處也」

(39)『最明寺本往生要集訳文編』前掲書、二六〇頁「四分律の抄の瞻病送終の篇、中國の本傳を引て云。祇洹の西北の角の日光没する處を无常院と爲り。若病者有れは安置して中に在く。凡貪染を生して本房の内の衣鉢衆具を見て、多く戀著を生して、心に厭背无きを以の故に、制して別處に至ら令なり。堂を无常と號く。來る者は極て多く、還なること反るは一二なり。事に卽して而求む、心を專にして法を念せしむることを。其の堂の中に一の立像を置けり。金薄を之に塗れり。面を西方に向たり。其の像の右の手は擧け、左の手の中に一の五綵の幡を繫たり。脚垂れて地に曳ク。當に病者を安して、像之後ニ在いて、左の手に幡の脚を執て、佛に從て淨刹に往く意を作さしむ。瞻病の者、香を焼き花を散し病者を莊嚴ス」。『栄花物語』巻十八「たまのうてな」前掲書、八七頁「蓮の絲を村濃の組にして、九體の御手より通して、中臺の御手に綴めて、この念誦の處に、東ざまに引かせ給へり。常にこの絲に御心をかけさせ給て、御念佛の心ざし絶へさせ給べきにあらず。御臨終の時この絲をひかへさせ給て、極樂に往生させ給べきと見えたり」

(40)『四分律刪繁補闕行事鈔』巻下四「瞻病送終篇」一四五頁上二三行「若終亡者打無常磬」

(41)同書、一四五頁上二三～二八行。

(42)『四分律行事鈔資持記』巻下四「釈瞻病篇」四一三頁下九～一一行「將屍出中初科前明安屍處。絹棺北地尚。此間多用木棺。或加絹蓋」

(43)拙著『儒教・仏教・道教』前掲書、三六頁。

(44)林徳立は仏教の中国化を明らかにするため、戒律が中国的に変容して叢林の清規にいたる過程に注目した。葬送儀礼についての言及はないが重要な視点と思われる。林徳立『中国禅宗清規史の研究』山喜房佛書林、二〇一一年、八七頁。

(45)道誠撰『釈氏要覧』巻下「送終」大正二一二七、五四巻三〇九頁上五～七行「毘奈耶云。送葬苾芻。可令能者誦無常經。幷伽他爲其呪願」

(46)義浄訳『仏説無常経』「臨終方訣」大正八〇一、一七巻七四六頁中一〇～一四行、下二～五行。

(47)失訳附秦録『毘尼母経』巻三、大正一四六三、二四巻八一七頁中二六～二九行「爾時世尊。在波槃國拘尸那竭城。沙羅雙樹間入涅槃。諸離車力士五百人等來到佛所。以種種香湯沐浴佛身」

(48)義浄訳『仏説無常経』「臨終方訣」七四六頁下二四行～七四七頁上七行。

(49) 永井政之「中国仏教成立の一側面――中国禅宗における葬送儀礼の成立と展開」『駒澤大学仏教学部論集』第二六号、一九九五年、一三三頁。

(50) 『梵網盧舍那仏説菩薩心地戒品第十』巻下、大正一四八四、二四巻一〇〇六頁中一六～一八行「若父母兄弟死亡之日。應請法師講菩薩戒經。福資亡者。得見諸佛生人天上。若不爾者。犯輕垢罪」

(51) 了慧道光集録『黒谷上人語灯録』巻七「漢語第一之七逆修説法」大正二六一一、八三巻一四六頁中六～八行「然則今此逆修七七日間。供佛施僧之營。即是壽命長遠業也」

(52) 沢山弌咸撰『禅林備用清規』「浴亡」続蔵一一二冊六五紙裏上一～六行「病僧氣絶。堂主報維那。令堂司行者報燒湯。覆首座知客侍者。庫司差人。扛龕浴船。安排浴亡。維那探湯冷熱。浴畢。拭浴衣被俵浴亡人。淨髮手巾。付待詔。維那提督著衣入龕置延壽堂中。鋪設椅卓位牌。香燈供養。隨現在僧衆諷經回向。夜點長明燈。堂司行者造雪柳。位牌新圓寂某甲上座覺靈」

(53) 中峰明本撰『幻住庵清規』「津送」続蔵一一一冊五〇一紙表上八行「龕前立位牌一座。書云新圓寂某上坐覺靈。香火燈燭。請首座大衆。諷大悲呪。一遍回向」

(54) 同五〇二紙裏八～一〇行。

(55) 東陽徳煇撰『勅修百丈清規』「移龕」続蔵一一一冊二五六紙表下一〇～一五行「入龕三日。擡龕鋪設法堂上間。掛幃幙設牀座椸架。動用器具陳列如事生之禮。中間法座上掛眞。安位牌廣列祭筵。用生絹幃幕以備上祭。下間置龕用麻布幃幕。前列几案爐瓶素花香燭。不絶二時上茶湯粥飯。供養諷經仍備挑燈鐃鈸花旛。鳴僧堂鍾集衆請移龕佛事。罷移龕下法堂。請鎖龕佛事」

第五章注

（1）『禅林象器箋』第九類「叢軌門」三三三頁「日本坐禪規矩。道元禪師爲始。（中略）始行廣床坐禪於深草。興聖寺也。道俗初見聞此規。故敬信者衆」

（2）「永平寺三祖行業記」続群書類従第九輯上、続群書類従完成会、一九三五年、二八九頁「本清規雖有之。隨時風俗。折中現規。尤大用也。遍參諸方。歷觀大國。以可建立永平宗旨」

（3）瑩山紹瑾撰『瑩山清規』「月中行事　尊宿遷化」大正二五八九、八二巻四三〇頁上二二行以下。同「月中行事　亡僧」四三一頁上二行以下。

（4）東隆眞『曹洞宗』大法輪閣、二〇〇三年、五五頁。

（5）無著道忠撰『小叢林略清規』「自叙」大正二五七九、八一巻六八八頁上六～一一行「適會法兄董周之聚福。發軔之日祝餘造小清規。且謂。巨叢席之禮樂牛刀耳矣。割雞者採之則未識所以下手也。餘笑曰。非特拜兄之命亦吾素蓄也。遂折衷小刹所宜行者。名曰小叢林略清規」

（6）『小叢林略清規』巻中「臨時清規第四　尊宿遷化」七〇七頁中一八～下一行。以下を参照。禅文化研究所編集部『江湖叢書 小叢林略清規』花園大学禅文化研究所、一九九五年、一二四頁。

（7）永安道原撰『景徳伝灯録』巻五、大正二〇七六、五一巻二四四頁下九行「[西京光宅寺慧忠國師]師見僧來。以手作圓相。相中書日字」

（8）『禅林象器箋』第二十八類「器物類」八三六頁「舊説曰。雪柳者。凡生人相別。折柳作環。而送其行。蓋寓期再還之意。如今送亡者。以雪柳。亦惜別之義也。因唱聖號。投之棺上。只喪禮事素。故雖有柳名。而不做靑。乃截白紙。象枝葉。故云雪柳」

(9)『洞上僧堂清規考訂別録』巻七「喪法考訂」八八頁下一八行〜八九頁上六行「雪柳ハ紙花ナリ、支那ノ風俗ニ、離別ノ時ニ、河邊ニテ柳條ヲ折テ、同心結トテ、環ノ如クニ綰テ、行人ノ袖ニ入テ贈ル、(中略)雪柳トハ、三月ノ比、柳花ノ雪ニ似タルヲ云フ」

(10)『小叢林略清規』巻中「臨時清規第四　尊宿遷化」七〇五頁下一六〜二二行「營辨。大幡四首。書無常偈。掛於龕側。雪柳。炬二枚。鎖子。眞影。眞亭。香亭。法堂佛事簿。涅槃臺佛事簿。布藁筵。蠟燭炭柴。此外喪儀合用物件。照赴化壇圖辨之」。割注は省略した。

(11)同七〇七頁下二三行〜七〇八頁上四行「移龕。假方丈東北室爲法堂。上間設床榻。列受用器具。如事生禮。中間掛眞。安位牌前卓陳祭供。下間置龕用麻布幃幕。前几陳爐華燭。備挑燈鈸鼓華旛。鳴鐘集衆。就寢堂移龕佛事。佛事畢移龕法堂。香燭不絕。茶湯粥飯供養諷經」。割注は省略。

(12)同七〇九頁上一〜二行「設齋。若尊宿荼毘入塔日不辨齋。則第三日或第七日設。中央掛眞安牌」。第四章で述べたとおり、故人の肖像を描いた真(のちの頂相)は本来は嗣法の証しとして法堂の法座の上に掛けられたものだが、ここで位牌と対置されることにより葬具としての機能が顕著になっていくのではないか。以下を参照。蒲池勢至『真宗と民俗信仰』吉川弘文館、一九九三年、二五頁。

(13)『小叢林略清規』巻中「臨時清規第四　亡僧津送」七〇九頁中四〜七行「掃淨一室爲延壽堂。置棺以屏遶後。前几立牌。新圓寂某上坐覺靈。備香燈供養。現前衆諷大悲呪回向云。兩三人在棺前直靈」

(14)『小叢林略清規』巻中「臨時清規第四　在家送亡」七〇九頁下二五行〜七一〇頁上八行。割注は一部省略。

(15)『方丈記』新日本古典文学大系三九、岩波書店、一九八九年、一三頁「仁和寺ニ隆曉法印トイフ人、カクシツ、數モ不知死《シヌ》ル事ヲ悲シミテ、ソノ首《カウベ》ノ見《ミ》ユルゴトニ、額《ヒタイ》ニ阿字ヲ書キテ、縁ヲ結バシムル事《ワザ》ヲナンセラレケル」

(16) 頭陀袋については以下に詳細に論じられている。五来重『葬と供養』東方書店、一九九二年。再録『五来重著作集』第一一巻、法蔵館、二〇〇九年、三三三〜三三四頁。

(17)『小叢林略清規』巻中「臨時清規第四　在家送亡」七一〇頁中一行「縫生絹如嚢覆牌全身」

(18) 同七一一頁下一二〜一三行「新亡位牌覆生絹者。亦是靈床幃幕之意。而鬼神好幽陰也」

(19) 同七一一頁下一三〜一四行「然俗援呉王蔽面慚見子胥。此爲亡者犯咎也。一何難處」

(20)『国語』巻十九「呉語」四部備要史部、中華書局。一九八九年、一二三頁「越之左軍右軍。乃遂渉而從之。又大敗之於沒。又郊敗之。三戰三北。乃至於呉。越師遂入呉國。圍王臺。（中略）夫差將死。使人説於子胥曰。使死者無知。則已矣。若其有知。吾何面目以見員也。遂自殺。越滅呉」

(21)『十八史略』巻一「春秋戰国」新釈漢文大系第二〇巻、明治書院、一九六七年、六〇頁「周元王四年。越伐呉。呉三戰三北。夫差上姑蘇。亦請成於越。范蠡不可。夫差曰。吾無以見子胥。爲幎冒乃死」

(22) 藤井正雄、花山勝友、中野東禅著『仏教葬祭大事典』雄山閣、一九八〇年、三〇九、四七〇頁。

(23)『小叢林略清規』巻中「臨時清規第四　在家送亡」七一〇頁中一三〜一四行「喪到涅槃臺。龕自東入經南向西到北。如是三匝。北到涅槃門税之」

(24) 同七一〇頁中一六〜一八行「爐華燭湯瓶陳龕前卓上。位牌安卓上。桃燈排龕前左右。天蓋覆龕上。行者集衆所執雪柳納壇内」

(25) 天倫楓隠撰『諸回向清規式』巻四「諸葬礼法式之部」大正二五七八、八一巻六六八頁上一二〜二五行「僧俗男女位牌之上頭文字。新示寂。東堂西堂前堂也。中陰之間加新字。取骨之後例可除却新一字矣。以下緇白共皆效之。前住當山。和尚也。或當山下書第幾世。末寺安牌則書于本山之名。當山第一座。單寮也。圓寂。眞寂。歸寂。入寂。寂滅。遷寂。以上皆平僧也。後某院太上法皇。院家退欄如此。用法字則唯限院家而已。某院殿某官州名。將軍家或一國之太守國號之武士等用之。捐舘。高人之男也。先考。高人父男也。歸空。皈源。歸故。歸去。歸西。逝去。逝矣。還本。過去。西歸。歸元。遷去。物故。後漢書列傳曰。物無也。故事也。謂死也。歸眞。(中略)以上婆羅門毘舎修陀男女共用之也。達故。山伏也。光故。放歌師也。靈故。舞舞或座頭等。順寂。順去。共比丘尼也。掩粧。貴人之女也。捐閨。官女也。先妣。高人之女也。母也」

(26) 同六六八頁上二六〜中一一行「僧俗男女位牌之中文字。國師大和尚。某山開基。或國師尊宿號。禪師大和尚。禪師號也。或禪師號。下記其道號諱也。和尚大禪師。前住長老也。座元禪師。單寮也。禪師。首座藏主平僧也。居士。(中略)私曰。武家或禰宜虚無俗家參禪人號居士。但上加大字則可爲一國之太守也。女居士。(中略)信士。武家或平人也。信女。武家之女也。大禪定。門尼。凡將軍家如此男女各高家也。禪定。門尼。平人通用之。禪。門尼。平人奴僕等也。或二十歳已上加定字。二十歳已前但用二字。大德。山伏也。淨人。行者等也。童男。童子。皆小兒也。大姉。高家之女人也。童女。少女也。剃髮公。入道無名者也。剃髮尼。尼無名。勤仕男。不剃髮男也。勤仕女。不剃髮女也」

(27) 同六六八頁中一二〜一八行「僧俗男女位牌之下文字。尊靈。尊宿或一國太守也。覺靈。平僧或一國太守或武官高人也。尊儀。皇家法皇用之也。臺靈。天下將軍也。神儀。高人一國刺史也。靈位。平人通用之。或舞舞虚無等亦用之。淑山。山伏等也。願位。放歌師等也。靈玉。座頭也。靈。荼毘已前書靈一字。新物故牌三十五歳已前用靈一字。三十歳已後加位字也。幽靈。比丘尼也。懿靈。夫人也。淑靈。淑儀。貴人之女也。淑魂。女也」

(28)『禅林象器箋』第二十四類「図牌門」六五〇頁「三牌。排列於佛殿本尊前。元朝禪刹三牌式云。左。皇后齊年。齊年者。齊等皇帝萬歳也。中。皇帝萬歳。右。太子千秋」

(29)『諸回向清規式』巻四「諸葬礼法式之部」六六八頁中二三〜下一行「三牌。大檀那本命元辰。今上皇帝聖躬萬安。南方火德星君聖衆」。六六八頁下二〜三行「施餓鬼之位牌。三界萬靈六道四生七世父母六親眷属等。(下略)」。六六八頁下五〜六行「逆修壽牌。逆或作預。逆修功德主　本命元辰壽位(下略)」

(30)原田正俊「日本中世の位牌と葬礼・追善」原田正俊編『宗教と儀礼の東アジア――交錯する儒教・仏教・道教』アジア遊学二〇六号、勉誠出版、二〇一七年、六六〜六七頁。原田は高僧や天皇や将軍の位牌が権威ある仏具として作成され、祖堂や菩提所で永続的に祭祀の対象となっていることを指摘する(同書七三頁)。この見解は実体としての位牌の非永続性に注目する本書の立場とは異なるものの、位牌存続のありようを考えるうえで示唆するところが大きい。

(31)希白等輯『仏照禅師語録』巻下「東山和尚一周忌普説」大正二五四六、八〇巻三五頁下一五〜一八行「龔惟當山東福禪寺第一世住東山和尙照公師兄禪師。殺活交馳奪機退用。賓主互換轉位亡功。水泄不著風吹不通。雖然如是。靈蹤還在何處擧位牌云。佛祖位中留不住」

(32)五来重『葬と供養』前掲書、七二頁。同「仏檀と位牌」『日本人の死生観と葬墓史』五来重著作集第三巻、法蔵館、二〇〇八年、二二九頁。これに関連して、多田孝正は「「位牌」は鎌倉時代に中国より禅宗とともに入ってきたものであるらしい、というのが、仏教の側からの一般的な見解だろう」と述べている。そのうえで「中国の伝統文化の中にある木主と、そこに記される神主の風俗を、仏教側が取り入れたのであろうと説明することは一応できる」としつつも、「ただし現在、仏教徒の位牌が木主を受け継いでいるとも言い切れない」という（多田孝正『お位牌はどこから来たのか――日本仏教儀礼の解明』興山舎、二〇〇八年、二七、三五、四九頁）。多田はさらに『北条九代記』に出てくる位牌の文字に注目し、「文学的な資料の中で、この『北条九代記』に登場する「位牌」の使用例が一番古いものであるらしい」と指摘した（同書四七頁）。これは北条時頼が廻国行脚のおり、難波の尼僧から所領強奪の事実を知らされる話である。時頼はこれを哀れんで歌を詠み、尼僧の所持する位牌の裏に記した。鎌倉に帰還してのち位牌を召して所領を奪還させたという。この物語を収めた書物は延宝三年（一六七五）に刊行されており、正慶二年（一三三三）もしくはそれ以降に成立した同名の年代記とは別本である。「文学的な資料の中で」という限定の意図は不明だが、史実として確証し難いのはもとより、位牌の語の最古の使用例とするのも無理であろう。校訂本の該当箇所を以下に示す。『鎌倉北條九代記』巻九「難波尼公本領安堵」思誠堂、一八八四年、三〇四頁「［時頼禪門］あハれとおぼえて笈の中より小硯とり出し卓の上に立たりける位牌の裏に一首の歌をぞ書れける。難波潟鹽干に遠き月影の又本の江に澄ざらめやハ（中略）諸國抖藪畢て鎌倉に歸り給ふ。やがて彼位牌を召出し瓜生［權頭］が所帯を沒收して尼公が本領の上に副て給ハりけり」

(33) 清拙正澄撰『大鑑清規』大正二五七七、八一巻六二一頁中八〜一二行「凡入祖堂。當一々歴代位牌平等供養。此天下古今順理也。（中略）一代住持。入祖堂新安位牌。則前歴代諸住持。皆相迎接問訊歡喜」

(34) 洞院公賢撰『園太暦』史料纂集第七五巻、続群書類従完成会、一九八五年、一五三〜五頁「〔延文三年六月〕四日。圓忠送狀。位牌書様幷羽林著服等條々談之事。贈官位去夜已到來候。位牌と申候物。如此可書改候。僧家寺號已下事者如此候。其上官位模様可爲何様候哉。可被示下候也。（中略）條々申入了。御贈官位去夜沙汰進候。目出候。位牌事。被任僧家之外不可有子細候。但日本様儀。一紙被注出候。若可被用唐名者。爲御心得傍ニ被注付候也。（中略）贈左大臣從一位長壽寺殿仁山義公尊。故征夷大將軍贈一位行左大臣」

(35) 同一五五頁「五日。天晴。今日贈左府五七日佛事云々。位牌事昨日就問返答了。而圓忠注出不叶愚意之由。有傍難之由去夕有示告人。仍今日以使者遣圓忠示所存了。所詮。故征夷大將軍贈從一位行左大臣源朝臣仁山義公尊位可宜歟。將又贈左大臣從一位歟。此條者可在賢慮之旨示了」

(36) 同一五五頁「六日。天晴。今日圓忠法師送狀。彼位牌事。落居之篇注送也。故令申候條本意之由報了。（中略）抑寺號事。讃州禪門者號淨妙寺。武衞禪門者號大休寺。是則先代最明寺法光寺皆以載寺號於位牌之故候。（中略）故征夷大將軍贈從一位行左大臣源朝臣長壽寺殿仁山義公靈位」

(37) 辻村泰圓編『元興寺極楽坊Ⅳ』日本仏教民俗基礎資料集成第四巻、中央公論美術出版、一九七七年、二一四頁。

(38) 義堂周信撰『空華老師日用工夫略集』続史籍集覧第三冊、近藤出版部、一九三〇年、八四頁「〔応安四年十二月三十日〕位牌古無有也。自宋以來有之」

(39)『鹿苑院殿薨葬記』群書類従第二九輯雑部、続群書類従完成会、一九七九年、三八〇頁「一、御位牌事。新薨　鹿苑院准三宮従一位大禪定門　尊靈位。等持寺御位牌銘。新捐館　鹿苑院殿准三宮大相國天山大禪定門　台靈」

(40)宗高撰『将軍義尚公薨逝記』群書類従第二九輯雑部、三九四頁「次のやくにしたがふ僧だち。或ははちつゞみをならし。或ははたてんがいをさしあげ、同音に南無おみとぼや。とゝぎやとやと唱へつゝすゝめり。御位牌をば……ぞもたせ給べきに。日野左大弁豸義政資。細川右京兆政元。御くはんの善の綱かたにかけ奉り。火屋の中に入給ふ」

(41)五来重『葬と供養』前掲書、七三頁。

(42)『塵添壒囊鈔』巻十六、濱田敦、佐竹昭広、笹川祥生編『塵添壒囊鈔・壒囊鈔』臨川書店、一九六八年、三三二頁「位牌《イハイノ》事。過去《クハコ》ノ人名ヲ書ク。イハ井ト云ハ何ノ字ソ。位牌《イハイ》ト書也。位牌ノ上《ニ》物故ト書ニ付テ。物没同《トト》ト云ヘトモ。位牌ニハ必ス物ヲ用ト云説アリ。其故アル歟。但シ位牌ト云事。禪家ニ好用ル儀歟。正道ノ古所ニ无事也ト云《ヘ》リ。先代ノ中比ヨリ早《ハヤ》アリケルニヤ」

(43)『万松院殿穴太記』群書類従第二九輯雑部、四一三頁「等持院の僧衆まいりて御沐浴の事。等持院蔭涼軒御髪をそらる。なをよくそり奉りて。御うしろの壁に夢窓國師の御影を掛。御受戒有て。國師の拜塔にならせ給。墨染の御衣。袈裟。御帽子抔させ奉る有様。目も當れず。涙にむせぶ計なり。其後御骸をうちにこめて。金屏一双を表をそとへなして立らる。高机に打敷を敷て。眞中に御位牌あり。紙にて包たる上に。新捐舘萬松院殿贈一位左相府曄山照公大居士昭儀とぞ書れたり。絹一幅を御位牌のたけにして上にきせ奉る。左右の腋には四六廿四の供御蠟燭五挺たちたり。雪柳四本を花瓶に立て右に置る。卓臺の上には茶湯を左右に供し。香爐。香合を中にすへたり」

（44）『元興寺極楽坊Ⅳ』前掲書、一四頁。

（45）『万松院殿穴太記』群書類従第二九輯雑部、四一三頁「けふより此處にて不斷陀羅尼廿一日迄侍り。籠僧十人。北山鹿苑寺の僧衆も例なればとて四五人參りぬ。又御位牌所の事未被定侍らねば。御中陰は先例有とて。けふよりは二十六日迄相國寺の鹿苑院にて此事有。出世の籠僧十人なり」

（46）同四一四頁「鹿苑院にて十九日に諸五山のふぎんあり。天龍寺一寺は廿日に諷經有。御所々々の比丘尼衆に至まで。このふぎむに出侍らぬはなかるべし。此程公家門跡諸寺諸山より參りつどへる御經は山のごとし。廿一日には御葬りの事有べしとて。開闔松田對馬守盛秀奉行して。諸郷諸村の人足を催して。東山の麓慈照寺の中に葬場の普請を致す」

（47）同四一六頁「赤地の金襴幡四流。侍者四人持之。（中略）燭臺。香爐。花瓶。湯瓶。茶湯。掛眞。雪柳四本。何も平僧十一人して次第に持之。先例は出世の人の勤仕なれ共。当時人なき故にや平僧の沙汰になり。御位牌は御家督の爲持給ひ諸大名供奉すべかりけるに。亂國のうちなれば。御猶子慈照寺の院主瑞耀尊丈ぞ爲持給ひける。ぜむの綱には諸侯の衆とりつき侍り。御龕は力者四人舁之。次に衆僧は阿彌陀の大呪を唱へて歩みつれたり。次に山頭の佛事あり」。なお、山東とは葬式を行なう式場のことである。

（48）『李朝実録』第一三冊「世祖恵荘大王実録」学習院東洋文化研究所、一九五七年、四六七頁「［世祖八年二月条］初丙子年正月二十五日。船軍梁成等。濟州發船逢風。二月初二日。漂到琉球國北面仇彌島。（中略）梁成等留島一月。載貢船到國住水邊公館。舘距王都五里餘。（中略）七月十五日。

上佛寺。記亡親姓名。置於案上。糞米於床。以竹葉灌水於地。僧則讀經。俗則拜禮」

(49) 平敷令治『沖縄の祖先祭祀』第一書房、一九九五年、一九四頁。

(50) 陳侃撰『使琉球録』「使事紀略」叢書集成簡篇、台湾商務印書館、一九六五年、三三頁「予等隨行將至廟。世子素衣黑帶。候於外門戚乎。其容儼然。若在憂服之中。予等拱而入其寢廟。神主居東西向。予等居西東向」。以下をも参照。原田禹雄訳註『陳侃 使琉球録』榕樹社、一九九五年、四一頁。

(51) 周煌輯『琉球国志略』巻四下「風俗」叢書集成初編、上海商務印書館、一九三六年、七七頁「中間多作神龕。以香爐置青石。其中白砂實之爲玩。或云卽祖神也。蓋家不設神主。貴家始有祠堂」。以下をも参照。原田禹雄訳註『周煌 琉球國志略』榕樹書林、二〇〇三年、三一五頁。

(52) 赤嶺政信「奄美・沖縄の葬送文化——その伝統と変容」国立歴史民俗博物館編『葬儀と墓の現在——民俗の変容』吉川弘文館、二〇〇二年、九頁。

(53) 折口信夫「琉球の宗教」『古代研究』民俗学篇第一、一九二九年。再録『折口信夫全集』第二巻、中央公論社、一九七五年、四四、六二頁。

(54) 竹貫元勝『日本禅宗史研究』雄山閣出版、一九九三年、二五二頁。

(55) 鈴木泰山『曹洞宗の地域的展開』思文閣出版、一九九三年、一九頁。

(56) 同書、四一頁。

(57) 五来重編『元興寺極楽坊中世庶民信仰資料の研究』法藏館、一九六四年。再録『五来重著作集』第九巻、二〇〇九年、一四頁。

(58) 圭室文雄「幕藩体制下の仏教」『アジア仏教史』日本編七、佼成出版社、一九七二年、一〇頁。
(59) 圭室文雄『江戸幕府の宗教統制』評論社、一九七一年、七六、八四頁。
(60) 竹田聴洲『民族仏教と祖先信仰』東京大学出版会、一九七一年、七二頁。
(61) 尾藤正英『江戸時代とはなにか』岩波書店、一九九二年、一二六頁。
(62) 竹貫元勝『日本禅宗史研究』前掲書、三〇九頁。
(63) 同書、三一五頁。
(64) 圭室文雄『江戸幕府の宗教統制』前掲書、五二、一二二頁。
(65) 圭室諦成『葬式仏教』前掲書、二一〇頁。
(66) 竹田聴洲『祖先崇拝——民俗と歴史』平楽寺書店、一九五七年、一九六頁。
(67) 小泉和子「暮らしの道具」『日本通史』第一三巻、岩波書店、一九九四年、三五〇頁。松尾剛次によれば、石造墓としての五輪塔には講衆や一族縁者らの惣墓としての役割を持つものが多かったが、江戸時代になると家や個人の墓標へと変化した。墓石自体が個人の戒名などを記す位牌形になっていく点にもそれがあらわれているという。松尾剛次『葬式仏教の誕生——中世の仏教革命』平凡社、二〇一一年、一四二頁。
(68) 成瀬正章「墓のない家がある」『地方史研究』第一四巻六号、一九六四年、二七〜三一頁。
(69) 桜田勝徳『美濃徳山村民俗誌』刀江書院、一九五一年、一一一頁。
(70) 松久嘉枝「岐阜県揖斐郡坂内村の墓制——ある門徒の墓制の変遷」『日本民俗学』第九一号、一九七四年、六七〜七一頁。

(71)　天野武「白山山麓の墓制――石川県白峰村・尾口村を中心に」『日本民俗学』第九二号、一九七四年、一～一五頁。以上、いずれも旧村名である。

(72)　新谷尚紀『両墓制と他界観』吉川弘文館、一九九一年、四四頁。森岡清美は三重県阿山郡大山田村（現伊賀市）の事例を報告している。そこでは土葬後に遺骨が埋葬墓地に捨てられ、墓参の対象にならないという（「墓のない家（墓制の一側面）――三重県阿山郡大山田村下阿波」『社会と伝承』第九巻一号、一九六五年、一三～一九頁）。これについて新谷は、埋葬墓地が歴然と存在する以上は無墓制とは区別すべきであるとした（同書、四〇頁）。

(73)　児玉識「真宗地帯の風習――「渡り」の宗教生活を探る」竹田聴洲博士還暦記念会編『日本宗教の歴史と民俗』隆文館、一九七六年。再録『葬送墓制研究集成』第四巻、名著出版、一九七九年、四〇七～四一九頁。

(74)　『改邪鈔』石田瑞麿編『親鸞全集』別巻、春秋社、二〇一〇年、一四〇頁。法然の没後は東山大谷の墓堂が念仏の徒にとって結集の中心となっていた。現在は浄土宗総本山の知恩院がある。比叡山延暦寺の衆徒が墓をあばき、遺体を掘り起こして賀茂川に流そうとはかった。法然の門弟は遺体を粟生に移して難を逃れている。嘉禄三年（一二二七）のことである。この法難は親鸞にとって墓が紛争の火種になることを思い知らせたにちがいない。以下を参照。藤井正雄『祖先祭祀の儀礼構造と民俗』弘文堂、一九九三年、五四五頁。

(75)　慧空撰『叢林集』巻七「葬礼中陰」真宗全書六三巻、蔵経書院、一九一三年、二九一頁。慧琳撰『真宗帯佩記』にも同じ趣旨が記されている。真宗全書六四巻、二五七頁「當流ノ正意、歿後ノ葬禮ヲモテ肝要トスルニアラズ。（中略）本師聖人ノオホセニイハク、某親鸞閉眼セハ加茂河ニイレテ、魚ニアタフヘシト云々。コレスナハチカノ肉身ヲカロンシテ、佛法ノ信心ヲ本トスヘキヨシヲアラハシマシマスユヘナリ。コレヲモテオモフニ、イヨイヨ喪葬ヲ一大事トスヘキニアラス。モトモ停止スヘシ」。蒲池勢至によれば、真宗門徒が墓を立てず仏壇に位牌を置かないのは、御影や絵系図がそれに代わる祭祀の対象として存在するためだという。『真宗と民俗信仰』前掲書、二四、三一頁。

(76) 聖戒撰『一遍聖絵』大橋俊雄校注、岩波書店、二〇〇〇年、一四二頁。

(77)『一遍上人語録』宮坂宥勝校注『假名法語集』日本古典文学大系八三、岩波書店、一九六四年、一五四頁「又上人云、わが門弟子におきては、葬禮の儀式をとゝのふべからず。野に捨て獣にほどこすべし。但在家の者、結縁のこゝろざしをいたさんをば、いろふにおよばず」。ちなみに絵師歌川廣重の辞世に「我死なば焼くな埋めるな野にすてて飢えたる犬の腹をこやせよ」とある。村松雄二『辞世の歌』笠間書院、二〇一一年、五〇頁。

(78)『一言芳談』宮坂宥勝校注『假名法語集』前掲書、二〇七頁。

(79) 五来重『高野聖』著作集第二巻、二〇〇七年、五七頁。

(80) 道宣撰『続高僧伝』巻八「隋京師延興寺釈曇延伝」大正二〇六〇、五〇巻四八九頁中一五～二七行「隋開皇八年八月十三日終於所在。春秋七十有三矣。（中略）初延康日。告門人曰。吾亡後。以我此身且施禽獸。餘骸依法焚揚。無留殘骨以累看守。弟子沙門童眞洪義通幽覺朗道遜玄琬法常等。一代名流。幷文武職僚如滕王等。例咸被髪。徒跣而從喪。至于林所。登又下勅。於終南焚地。設三千僧齋。齋訖焚之」

（81）同巻二十一「隋西京延興寺釈通幽伝」六一〇頁下二七行～六一一頁上三行。

（82）僧祐撰『出三蔵記集』巻十五「慧遠法師伝」大正二一四五、五五巻一一〇頁下三～五行。なお同書巻十二「法苑雑録原始集目録序」所載「受菩薩戒集」六編の中に「宋斉勝士受菩薩戒名録」の名称を記してある。六朝宋代（四二〇～四七九年）と斉代（四七九～五二〇年）に菩薩戒を受けて戒名を授かった人の名を記したものであろう。実物は現存しないが、記録によって知られる最初期の戒名録と考えられる。六編中には類似の目録も含まれる。九二頁下二九行～九三頁上六行「菩薩戒初至次第受法記第一。宋明帝受菩薩戒自誓文第二。竟陵文宣王受菩薩戒記第三。天保寺集優婆塞講記第四。文宣王集優婆塞布薩記第五。宋齊勝士受菩薩戒名錄第六。右六首受菩薩戒集第十一」

（83）慧皎撰『高僧伝』巻十五「慧遠法師伝」大正二〇五九、五〇巻三六一頁中六～七行「遠以凡夫之情難割。乃制七日展哀。遺命使露骸松下。既而弟子收葬」

（84）弁機撰『大唐西域記』巻二、大正二〇八七、五一巻八七七頁下二六～二七行。

（85）Theodor Aufrecht (hrsg.), *Die Hymnen des Ṛigveda*, II, Adolph Marcus, Bonn, 2.Aufl., 1877, SS.303-305, X.16.1 "mainam agne vi daho mābhi śoco māsya tvacaṃ cikshipo mā śarīram / yadā śṛitaṃ kṛiṇavo jātavedo 'them enam pra hiṇutāt pitṛībhyaḥ"; X.16.6 "yat te kṛishṇaḥ śakuna ātutoda pipīlaḥ sarpa uta vā śvāpadaḥ / agnish ṭad visvād agadam kṛiṇotu somaś ca yo brāhmaṇāṃ āviveśa"; X.18.13 "ut te stabhnāmi pṛithivīṃ tvat parīnaṃ logaṃ nidadhan mo ahaṃ risham / etāṃ sthūnāṃ pitaro dhārayantu te 'trā yamaḥ sādanā te minotu" 以下をも参照。Alexandre Langlois, *Rig-véda ou Livre des hymnes*, Bibliothèque Orientale, I, Jean Maisonneuve, Paris, 1872, pp.520-522, VII.11.1; VII.11.6; VII.13.13.

(86) 道世撰『法苑珠林』巻九十七「送終篇」大正二一二二、五三巻九九九頁中七～八行「依如西域葬法有四。一水漂。二火焚。三土埋。四施林」

(87) 杉本卓洲『インド仏塔の研究――仏塔崇拝の生成と基盤』平楽寺書店、一九八四年、一六六頁。

(88) *Aṭṭhakavagga*, v.958-959, Dines Andersen and Helmer Smith (ed.), *Sutta-nipāta*, IV, Pāli Text Society, London, 1913, p.186. "bhikkhuno vijigucchato bhajato rittam āsanaṃ rukkhamūlaṃ susānaṃ vā, pabbatānaṃ guhāsu vā uccāvacesu sayanesu, kīvanto tattha bheravā, yehi bhikkhu na vedheyya nigghose sayanāsane"

(89) 真諦訳『立世阿毘曇論』巻六「云何品」大正一六四四、三二巻二〇一頁上七～一一行。

第六章注

(1)『春秋左伝正義』巻十八「文公二年」五七二頁「〔傳〕凡君卽位。好舅甥脩昏姻。娶元妃以奉粢盛。孝也。孝禮之始也」。小南一郎によれば、春秋時代の作とされる青銅器「王孫遺者鐘」の銘文に、祭器を「用いて享し以て孝す」とあり、ここでは「孝」は倫理的な観念ではなく先祖に酒食等を捧げて祭祀することを意味したという。小南一郎『目連救母の物語り――盂蘭盆儀礼との関わりを中心にして（一）』科学研究費補助金基盤C 二〇一七年度研究報告、二〇一八年、三三頁。

(2) これに対し池澤優は、西周金文の分析をもとに、肉親に対する徳目が拡大して先祖に遡及したとする。池澤優『「孝」思想の宗教学的研究――古代中国における祖先崇拝の思想的発展』東京大学出版会、二〇〇二年、五三頁。

(3) 水藤真『中世の葬送・墓制――石塔を建立すること』吉川弘文館、一九九一年、二一二頁。

三十三年という特定の年限をかぎって祭祀を終了させる慣習を理解するうえで、中込睦子はそれが故人から孫への世代交替の時期にかさなることを考慮すべきだとする。さらに故人に対する記憶の限界、あるいは故人との共有体験の限界となるひとつの画期として、この年限をとらえることができるという。中込睦子『位牌祭祀と祖先観』吉川弘文館、二〇〇五年、二四三頁。

（4）『尚書正義』巻十六「多士」十三経注疏整理委員会編、北京大学出版社、二〇〇〇年、四九九頁「惟時天罔念聞。厥惟廢元命降致罰。乃命爾先祖成湯革夏。俊民甸四方」

（5）朱熹『家礼』巻五「祭礼」『朱子全書』十四冊九四三頁「先祖繼始祖。高祖之宗得祭。繼始祖之宗。則自初祖而下。繼高祖之宗。則自先祖而下」

（6）ロバート・スミス著、前山隆訳『現代日本の祖先崇拝――文化人類学からのアプローチ』御茶の水書房、一九九六年、二〇〇頁。これに関連して、須藤寛人は仏壇と位牌が性格の異なる宗教的対象物でありながら、ひとつの複合体を形成してきた歴史に注目し、位牌が仏壇に半永久的に安置されるところに宗教的な場が実現していることを指摘した。須藤寛人「仏壇・位牌信仰の史的考察」『駒澤大学仏教学部論集』二九号、一九九八年、三一九～三三〇頁。

（7）柳田國男「魂の行くへ」『若越民俗』第五巻二号、一九四九年。再録『柳田國男全集』第三一巻、二〇〇四年、六六五頁。

（8）柳田國男『先祖の話』前掲全集第一五巻、四八頁。

（9）最上孝敬『霊魂の行方』前掲書、一〇九、二七九頁。

（10）中込睦子、前掲書、二三七頁。同「家と先祖――日本人の先祖観の変容」『東アジアの死者の行

方と葬儀』勉誠出版、二〇〇九年、三五頁。

(11) 朝日新聞「Ｒｅライフ」欄に「位牌 私の死後は?」という特集が掲載された(二〇一六年一一月二一日朝刊三一面)。横浜市の女性からの質問に「二年前に病気で亡くなった夫の位牌に毎日話しかけています。子どもがいないので、私が死んだあと位牌がどうなるか心配です」とある。これについて認定ＮＰＯ法人エンディングセンター理事長を務める井上治代は、自分が死んだ時に棺のなかに入れてもらうよう助言している。「そうすれば一緒に旅立つことができる」という。筆者自身も身近な問題に向きあったときにこの言葉に励まされたことを記したい。

(12) 原田正俊「日本中世の位牌と葬礼・追善」前掲論文、六三頁。

(13) 東洋大学出版会運営委員会から筆者に示された審査専門委員の所見による。謝意を表したい。

あとがき

本書の成り立ちは、さかのぼれば二〇〇四年の新潟県中越地震がきっかけとなっている。その翌年、筆者は東洋大学に新設された学部に採用された。新しい社会福祉のあり方を探求する学部である。地震の被害がもっとも大きかった山古志の復興支援プロジェクトがはじまることになり、同じ学部の内田雄造先生が声をかけてくださった。同じ年に着任した井上治代先生といっしょに五年間、山古志にかよいつづけた。内田先生はまちづくりの研究が専門である。井上先生は樹木葬を推進する市民運動にたずさわっている。おふたりからいろいろなことを教えていただいた。

被災後の村では、水没した墓地がいち早く再整備された。おどろくべきことに道路や橋が復旧されるよりも早かったのである。それでも仮設住宅からの帰村がかなう前は、墓石が倒壊したままのところもたくさんあった。住民の方々はお墓に向かって、雪が消えるまで待っていてくださいと手を合わせたという。地震の直後に位牌だけは持ち出すことができた。しかし仮設住宅ではきちんと置く場所がない。お線香をあげることもできない。山古志に帰るまで我慢してください。御先祖様にそう話しかけたという。

先祖の霊は墓にいる。そして位牌にもいる。ならば墓とはいったい何か。位牌とはいったい何か。肉親の霊は墓にも位牌にもやすらっているのか。そんなことを山古志にかよいながら考えた。

ちくま新書の『葬儀と日本人――位牌の比較宗教史』はそのとき考えたことをまとめたものである。位牌の起源をたどるうえで墓や葬儀をめぐる問題もどこかでつながっている。それを書くにあたって中国や日本の古い文献を参照したが、原文を引いたり立論の根拠となる注記を附すことはしなかった（そのかわり写真や図をたくさん掲載してある）。その後も原典資料をもとに学術書としてまとめる作業をつづけてきたところ、このたび東洋大学出版会から刊行の機会があたえられた。故内田雄造先生、井上治代先生、お世話になった山古志のみなさんに心から感謝申しあげたい。竹村牧男学長はじめ出版会の関係各位、東洋大学研究推進課の井倉葉子さん、丸善プラネットの小西孝幸さん、編集を担当された岩野博子さんにもお礼を申しあげたい。

菊地章太

二〇一八年五月

索　引

あ

哀策 あいさく 60
赤嶺政信 あかみねまさのぶ 159
握 あく 51
朝熊山 あさまやま 104
足利貞氏 あしかがさだうじ 154
足利尊氏 あしかがたかうじ 154
足利直義 あしかがただよし 154
足利義晴 あしかがよしはる 157
足利義尚 あしかがよしひさ 156
足利義満 あしかがよしみつ 156
東隆眞 あずまりゅうしん 139
吾妻重二 あづまじゅうじ 8, 83
跡部直治 あとべなおはる 14
アーナンダ 12, 24
阿弥陀仏 あみだぶつ 116, 121, 129, 166
荒魂 あらみたま 16
安位諷経 あんいふぎん 148
安座 あんざ 97
安葬 あんそう 92
覆布 あんぷ 149

い

家 いえ 16
移龕 いがん 143
葦篋 いきょう 60
池澤優 いけざわまさる 240
池田末利 いけだすえとし 35, 196
板碑 いたび 176
『一言芳談』 いちごんほうだん 167
一周忌 いっしゅうき 85, 98, 176
一遍 いっぺん 167, 172
『一遍上人語録』 いっぺんしょうにんごろく 167
『一遍聖絵』 いっぺんひじりえ 167
維那 いのう 121, 133
井上治代 いのうえはるよ 29, 242
斎木 いはいぎ 15
位牌堂 いはいどう 139
位牌持ち いはいもち 16
幃幕 いばく 143, 148
位版 いばん 87
位板 いばん 87, 133
惟勉 いべん 132
忌屋 いみや 55
倚廬 いろ 55
岩田重則 いわたしげのり 16, 17
陰陽 いんよう 5, 7, 123
陰陽書籍院 いんようしょせきいん 123

う

回礼 ういれい 144
烏桓 うがん 102
内位牌 うちいはい 80
内蒙古 うちもうこ 21
右遶三匝 うにょうさんそう 150
盂蘭盆会 うらぼんえ 99, 158

え

櫨 えい 53
永安道原 えいあんどうげん 142
『栄花物語』 えいがものがたり 219, 223
『永平清規』 えいへいしんぎ 137, 138
営弁 えいべん 143, 148, 149
慧遠 えおん 169
慧空 えくう 167
慧皎 えこう 169
懐奘 えじょう 138
『越後風俗志』 えちごふうぞくし 43
『淮南子』 えなんじ
―「主術訓」 しゅじゅつくん 6
―「精神訓」 せいしんくん 6
会裡 えり 141
朳 えん 48
掩 えん 50
厭祭 えんさい 69
延寿堂 えんじゅどう 117, 118, 125, 133, 145, 148
円相 えんそう 141
『園太暦』 えんたいりゃく 154, 155
縁の綱 えんのつな 61
閻魔大王 えんまだいおう 90, 103
閻羅王 えんらおう 90

お

押煞符 おうさつふ 94
枉死城 おうしじょう 95
『往生要集』 おうじょうようしゅう 119, 125
招代 おぎしろ 48
沖縄 おきなわ 9, 158
袓 おくり 58
諡 おくりな 59, 60
折口信夫 おりくちしのぶ 9, 48, 159
御嶽山 おんたけさん 104
陰陽師 おんみょうじ 43
陰陽道 おんみょうどう 103, 139

か

戒 かい 131
蓋棺 がいかん 144
回忌法要 かいきほうよう 85
開光点眼呪 かいこうてんがんじゅ 95
『改邪鈔』 がいじゃしょう 167
開通冥路 かいつうめいろ 92, 96
戒名 かいみょう 132, 146, 151
科儀書 かぎしょ 93
『餓鬼草紙』 がきぞうし 29
何休 かきゅう 79
過橋 かきょう 96
椁 かく 56, 126
覚如 かくにょ 167
下元 かげん 99
過去帳 かこちょう 165
崋山 かざん 102
夏祝 かしゅく 68
掛子 かす 117, 118
火葬 かそう 25
火葬無墓制 かそうむぼせい 166
伽他 かだ 128
尸 かたしろ 6
形代 かたしろ 9
明衣 かたびら 146
家廟 かびょう 88
神棚 かみだな 165

『瑩山清規』けいざんしんぎ 138
『景徳伝灯録』けいとくでんとうろく 142
啓殯 けいひん 56
掛真 けしん 112, 116, 144
化壇 けだん 143, 150
決 けつ 51
軡 けん 52
『幻住庵清規』げんじゅうあんしんぎ 132, 134, 135, 142
玄奘 げんじょう 84, 169

こ

炬 こ 143
挙哀 こあい 144
孝 こう 173, 174
香語 こうご 111
孝子 こうし 111
孔子 こうし 5, 19, 20, 35, 69, 80
剛日 ごうじつ 68
槀車 こうしゃ 58, 61
勾践 こうせん 149
『高僧伝』こうそうでん 169
『高僧法顕伝』こうそうほっけんでん 220
香亭 こうてい 112, 143
珓杯 こうはい 86
功布 こうふ 61
孝服 こうふく 111
高里 こうり 101
蒿里 こうり 101, 102
香炉 こうろ 121, 142, 159
黄籙斎 こうろくさい 90
五嶽 ごがく 102
『後漢書』ごかんじょ
—「烏桓伝」うがんでん 102
—「礼儀志」れいぎし 34, 38, 52, 59, 61, 62, 79
虎関師練 こかんしれん 139
『五経異義』ごきょういぎ 78, 81
哭 こく 40, 45
『国語』こくご 149
極楽縄 ごくらくなわ 45
孤魂 ここん 98
故事 こじ 38
庫司知事 こしちじ 121
伍子胥 ごししょ 149
五条袈裟 ごじょうけさ 118
『御条目宗門檀那請合之掟』ごじょうもくしゅうもんだんなうけあいのおきて 162
戸籍法 こせきほう 163
ゴータマ・ブッダ 12, 24, 105
笏 こつ 51
五斗米道 ごとべいどう 98
胡培翬 こばいき 44
五服 ごふく 37
小南一郎 こみなみいちろう 23, 240
五来重 ごらいしげる 15, 230
魂 こん 5, 6
髡 こん 73
魂車 こんしゃ 62
魂身 こんしん 92
魂帛 こんはく 87, 91
魂魄 こんぱく 5, 44

さ

斎 さい 115
柴山 さいざん 158
済州島 さいしゅうとう 158
衰経 さいてつ 67

祭板 さいばん 87, 88
蔡邕 さいよう 21
逆さ着物 さかさきもの 44
鎖龕 さがん 144, 149
坐化 ざけ 109
鎖子 さし 143
左袵 さじん 51
作務 さむ 107
沙羅双樹 さらそうじゅ 113
斬衰 ざんさい 37, 38
三回忌 さんかいき 85, 98, 176
三官 さんかん 99
懺悔滅罪 さんげめつざい 129
三元 さんげん 99
『三国志』魏書 さんごくしぎしょ
―「東夷伝」とういでん 53
―「武帝紀」ぶていき 28
―「文帝紀」ぶんていき 29
散骨 さんこつ 181
三十三回忌 さんじゅうさんかいき 30, 176

し

士 し 33, 40, 66, 84
尸 し 66, 67, 69, 70, 86
紙花 しか 142, 150
只管打坐 しかんたざ 105, 138
『史記』しき
―「孔子世家」こうしせいか 35
―「周本紀」しゅうほんぎ 81
―「儒林伝」じゅりんでん 36
直歳 じきさい 121
直裰 じきとつ 141
斉衰 しさい 37
諡策 しさく 59
『資持記』しじき →『四分律行事鈔資持記』
四十九日 しじゅうくにち 55, 84, 85, 151
士人 しじん 84
「祠制」しせい 88
紙錢 しせん 97
士大夫 したいふ 8
尸（屍）陀林 しだりん 131, 170
七回忌 しちかいき 85, 176
七七日 しちしちにち 84
七十五司 しちじゅうごし 101
子張 しちょう 35
祠堂 しどう 8, 85, 116
入塔 じとう 115, 144
祠堂殿 しどうでん 139
司馬遷 しばせん 81
祠版 しばん 87
死人柱 しびとばしら 45
『四分律』しぶんりつ 122, 123, 220
『四分律行事鈔資持記』しぶんりつぎょうじしょうしじき 124, 126
『四分律刪繁補闕行事鈔』しぶんりつさんぱんほけつぎょうじしょう 122, 123, 124, 125
『四分律比丘尼鈔』しぶんりつびくにしょう 221
緦麻 しま 37
『四民月令』しみんがつりょう 22
四門 しもん 150
爵 しゃく 68
『釈氏要覧』しゃくしようらん 127, 222
爵弁服 しゃくべんふく 51
『釈名』しゃくみょう 47, 65
主 しゅ 8, 74, 77-83

需 じゅ 73
儒 じゅ 73
襲 しゅう 50, 75, 112
周煌 しゅうこう 159
収魂 しゅうこん 10, 94
十三回 じゅうさんかいき 85, 176
柔日 じゅうじつ 68
『十誦律』 じゅうじゅりつ 123
十念 じゅうねん 115, 121, 129
『十八史略』 じゅうはちしりゃく 149
宗門改 しゅうもんあらため 163
宗門人別帳 しゅうもんにんべつちょう 163
朱熹 しゅき 1, 7, 8, 31, 73, 84, 88, 91, 98, 106, 177, 182
修行門 しゅぎょうもん 150
祝 しゅく 66
粥飯 しゅくはん 116, 121, 144
朱子学 しゅしがく 1, 8, 31
『出三蔵記集』 しゅつさんぞうきしゅう 169, 220
主牌 しゅひ 87, 133
主喪 しゅも 109
樹木葬 じゅもくそう 28, 181
『周礼』 しゅらい 34
—「夏官司馬」 かかんしば 62
寿陵 じゅりょう 28
荀勗 じゅんきょく 88
『春秋』 しゅんじゅう 77
『春秋公羊伝』 しゅんじゅうくようでん 78, 79
『春秋穀梁伝』 しゅんじゅうこくりょうでん 77, 79, 82
『春秋左伝』 しゅんじゅうさでん 77, 78, 79, 174
祥 しょう 76
称 しょう 53
『正一威儀経』 しょういついぎきょう 28
聖戒 しょうかい 167
『将軍義尚公薨逝記』 しょうぐんよしひさこうこうせいき 156
上元 じょうげん 98
鄭玄 じょうげん 21, 44, 52, 66, 77, 148
小功 しょうこう 37
焼香 しょうこう 16
城隍神 じょうこうしん 90
招魂 しょうこん 9, 10, 72, 92
嘗祭 しょうさい 79
烝祭 じょうさい 79
牀第 しょうし 40, 53
小師 しょうし 111, 113, 143
乗車 じょうしゃ 58, 61
商祝 しょうしゅく 68
小祥 しょうしょう 76
上章 じょうしょう 89
『小叢林略清規』 しょうそうりんりゃくしんぎ 113, 139, 142-145, 150
『浄土十疑論序』 じょうどじゅうぎろんじょ 221
浄土真宗 じょうどしんしゅう 166
浄髪 じょうはつ 147, 157
『正法眼蔵随聞記』 しょうほうげんぞうずいもんき 138
昭穆 しょうぼく 79
『浄飯王般涅槃経』 じょうぼんのうはつねはんぎょう 121
常民 じょうみん 26
『小右記』 しょうゆうき 43, 103
精霊流し しょうりょうながし 178

『諸回向清規式』 しょえこうしんぎしき 150-152
『書経』 しょきょう
―「多士」 たし 177
諸行無常偈 しょぎょうむじょうげ 118
『諸経要集』 しょきょうようしゅう 221
蠋 しょく 57
『続日本紀』 しょくにほんぎ 28
初化 しょけ 117
除喪 じょそう 84
白川静 しらかわしずか 4
白木位牌 しらきいはい 155
『使琉球録』 しりゅうきゅうろく 159
真 しん 112, 116, 143, 144, 157
寝 しん 22, 40, 116
真影 しんえい 112, 143
清規 しんぎ 2, 107, 138
神主 しんしゅ 8, 14, 74, 90, 97
壬申戸籍 じんしんこせき 163
津送 しんそう 118, 119
真諦 しんたい 172
新谷尚紀 しんたにたかのり 166
真亭 しんてい 112, 143
『塵添壒囊鈔』 じんてんあいのうしょう 156
寝堂 しんどう 116, 142, 148
神版 しんばん 87, 88, 133, 135
神板 しんばん 87
神兵 しんぺい 92
森羅殿 しんらでん 101
親鸞 しんらん 167, 172

す

繸 すい 46
水官 すいかん 98
水葬 すいそう 181
『崇寧清規』 すうねいしんぎ 107
頭陀袋 ずだぶくろ 147

せ

斉車 せいしゃ 81
清衆 せいしゅう 107
『聖迹記』 せいせきき 124, 222
清拙正澄 せいせつしょうちょう 153
生前戒名 せいぜんかいみょう 132
正庁 せいちょう 90, 97, 98
成湯 せいとう 177
済北王陵 せいほくおうりょう 50
施餓鬼 せがき 152, 158
赤山 せきざん 102
楔歯 せっし 45
雪山偈 せっせんげ 118
『説文』 せつもん 7, 47, 66
雪柳 せつりゅう 142, 144, 149, 150, 157
遷柩 せんきゅう 56
薦車馬 せんしゃば 57
専修念仏 せんじゅねんぶつ 167
『禅苑清規』 ぜんねんしんぎ 107, 108-115, 125, 129, 131, 132, 133, 142, 144
善の綱 ぜんのつな 61
遷廟 せんびょう 80
洗浴 せんよく 141, 147
『禅林象器箋』 ぜんりんしょうきせん 111, 112, 116, 139, 142
『禅林備用清規』 ぜんりんびようしんぎ 132, 133, 135, 153

そ

曾子 そうし　69, 80
荘子 そうし　7
『宋史』そうし
—「礼志」れいし　88
『葬送習俗語彙』そうそうしゅうぞくごい　13
宗廟 そうびょう　22, 60, 72, 83
僧祐 そうゆう　169
叢林 そうりん　107
『叢林校定清規総要』そうりんこうていしんぎそうよう　132
『叢林集』そうりんしゅう　167
阼階 そかい　40, 53, 112
沮渠京声 そきょけいせい　121
『続高僧伝』ぞくこうそうでん　167
族譜 ぞくふ　175
卒哭 そつこく　69
祖奠 そてん　58, 75
祖堂 そどう　116, 153
『祖堂集』そどうしゅう　107
祖廟 そびょう　66, 68, 79, 87, 88
素幕 そまく　113
祖霊 それい　11
祖霊信仰 それいしんこう　11
尊宿 そんしゅく　107, 108–116, 140

た

大遣奠 だいいてん　59
大円相 だいえんそう　147
『大鑑清規』だいかんしんぎ　153
大功 たいこう　37
泰山 たいざん　100, 101, 103
泰山地獄 たいざんじごく　100
泰山府君 たいざんふくん　103
太祝令 たいしゅくれい　59
大祥 だいしょう　76
太史令 たいしれい　60
『大唐開元礼』だいとうかいげんれい　82, 218
『大唐西域記』だいとうさいいきき　169
『大唐内典録』だいとうないてんろく　222
『大般涅槃経』だいはつねはんぎょう　118
『大般涅槃経後分』だいはつねはんぎょうこうぶん　113
「大悲呪」だいひじゅ　143, 144, 145
『大悲心陀羅尼』だいひしんだらに　143
『大仏頂首楞厳陀羅尼』だいぶっちょうしゅりょうごんだらに　143
『大宝令』たいほうれい
—「喪葬令」そうそうれい　49
台湾 たいわん　10
沢山弌咸 たくさんいっかん　132
竹田聴洲 たけだちょうしゅう　163
竹貫元勝 たけぬきげんしょう　160
打城 だじょう　94
多田孝正 ただこうしょう　230
立山 たてやま　104
荼毘 だび　144, 156
圭室諦成 たまむらたいじょう　14, 106
圭室文雄 たまむらふみお　235
魂呼 たまよばい　43
褖衣 たんい　51
檀家 だんか　30, 162, 164
童乩 タンキー　95
禫祭 たんさい　76
檀那寺 だんなでら　161

ち

地官 ちかん 98
著衣 ちゃくい 141
中陰 ちゅういん 84
中有 ちゅうう 84
中元 ちゅうげん 98
『中天竺舎衛国祇洹寺図経』 ちゅうてんじくしゃえこくぎおんじずきょう 118, 123, 124, 125
中峰明本 ちゅうはうみょうほん 132
重 ちょう 50, 52, 57, 74, 86, 112
朝 ちょう 22
祧 ちょう 81
調営 ちょうえい 92
張横渠 ちょうおうきょ 7
塚間 ちょうげん 170
「調五営呪」 ちょうごえいじゅ 93
張載 ちょうさい 87
朝祖 ちょうそ 56, 75
冢訟 ちょうしょう 89
桃灯 ちょうちん 92, 149, 150
帳外れ ちょうはずれ 162
冢簿 ちょうぼ 22
長蘆宗賾 ちょうろそうさく 107
『勅修百丈清規』 ちょくしゅうひゃくじょうしんぎ 107, 132, 135, 138, 144, 153
陳侃 ちんかん 159
頂相 ちんそう 112

つ

通幽 つうゆう 168
『通典』 つてん 60, 87
『徒然草』 つれづれぐさ 27

て

啼 てい 40
程伊川 ていいせん 7
禘祭 ていさい 79
提督 ていとく 147
綴足 てっそく 44
徹通義介 てっつうぎかい 138
寺請制度 てらうけせいど 161, 163, 164
寺請手形 てらうけてがた 162
奠 てん 45, 57, 59, 91
瑱 てん 51
天官 てんかん 98
点主 てんしゅ 92
奠茶湯 てんちゃとう 144
天倫楓隠 てんりんふういん 150

と

塔 とう 115
洞院公賢 とういんきんかた 154
東嶽大帝 とうがくたいてい 90, 103
道元 どうげん 12, 106, 137, 138, 160
等持院 とうじいん 157
道車 どうしゃ 58, 61
『洞上僧堂清規考訂別録』 とうじょうそうどうしんぎこうていべつろく 112, 142
道世 どうせい 170
道誠 どうせい 127
灯節 とうせつ 99
道宣 どうせん 118, 124, 167
道壇 どうだん 91
道旛 どうはん 92
東陽徳輝 とうようてひ 132
東沃沮 とうよくそ 53

都管 とかん 109
『独断』 どくだん 21, 22
土葬 どそう 25
土葬無墓制 どそうむぼせい 166
土地神 とちしん 90
弔い上げ とむらいあげ 30
杜佑 とゆう 87
曇延 どんえん 168

な

直江廣治 なおえひろじ 95
永井政之 ながいまさし 131
中込睦子 なかごみむつこ 240
なきたまよばい 43, 44
泣女 なきめ 44
那覇 なは 158
奈落迦 ならか 100
奈落 ならく 100
成河峰雄 なりかわみねお 111

に

二階堂善弘 にかいどうよしひろ 90
西岡弘 にしおかひろむ 196
轜車 にしゃ 62
日蓮宗 にちれんしゅう 162

ぬ

幣 ぬさ 72
塗位牌 ぬりいはい 80

ね

『涅槃経』 ねはんぎょう 12, 113
涅槃台 ねはんだい 143, 150
涅槃門 ねはんもん 150
年忌法要 ねんきほうよう 84
念誦 ねんじゅ 117, 140
念仏 ねんぶつ 167
念仏銭 ねんぶつせん 116

の

野位牌 のいはい 16, 80, 156
野道具 のどうぐ 16

は

牌 はい 142
廃仏毀釈 はいぶつきしゃく 13,
魄 はく 5, 6,
帛 はく 86
白雲慧暁 はくうんえぎょう 153
帛尸梨蜜多羅 はくしりみたら 24
『八偈品』 はちげぼん 170
蜂屋邦夫 はちやくにお 4
襪 ばつ 141
八分 はっぷん 88
浜下り はまおり 17
払物覚 はらいものおぼえ 165
原田正俊 はらだまさとし 230
挽歌 ばんか 101
飯含 はんがん 50
班固 はんこ 77
『万松院殿穴太記』 ばんしょういんどのあなおき 157

ひ

紼 ひきつな 61
披 ひきて 61
聖 ひじり 99

『常陸国風土記』 ひたちのくにふどき 48, 49
左胸 ひだりむね 51
絰 ひつぎなわ 62
苾芻 びっしゅ 128
人形 ひとがた 92
非田派 ひでんは 162
『毘尼母経』 びにもきょう 129
皮弁服 ひべんふく 51, 58
百丈懐海 ひゃくじょうえかい 107
『百丈叢林清規』 ひゃくじょうそうりんしんぎ 107
白虎観 びゃっこかん 38
『白虎通』 びゃっこつう 77
—「服喪」 ふくも 38
平川彰 ひらかわあきら 220
殯 ひん 55, 75, 112, 119

ふ

巫 ふ 68
賻 ふ 61
風水 ふうすい 98
諷経 ふぎん 121, 140, 148
復 ふく 41, 44
服喪 ふくも 37
夫差 ふさ 149
祔祭 ふさい 68, 79
不受不施派 ふじゅふせは 162
藤善眞澄 ふじよしますみ 124, 218
藤原嬉子 ふじわらのきし 43
藤原実資 ふじわらのさねすけ 43, 103
普請 ふしん 107
『仏教考古学講座』 ぶっきょうこうこがくこうざ 14
『仏照禅師語録』 ぶっしょうぜんじごろく 153
『仏説無常経』 ぶっせつむじょうきょう 127, 128, 131
仏喪花 ぶっそうか 118
ブッダ 12, 24, 113, 121, 122, 129
仏壇 ぶつだん 10, 80, 165, 166
普度 ふと 98
焚火 ふんか 115

へ

幎 べき 149
辟邪 へきじゃ 91
幎目 べきもく 51
平敷令治 へしきよしはる 158

ほ

祊 ぼう 72
冒 ぼう 51, 112, 141, 149
賵 ぼう 61
榜 ぼう 90
『法苑珠林』 ほうおんじゅりん 170, 221
法語 ほうご 111, 115, 122
放光堂 ほうこうどう 139
放赦 ほうしゃ 92
『方丈記』 ほうじょうき 147
『北条九代記』 ほうじょうくだいき 230
北条高時 ほうじょうたかとき 153
北条時宗 ほうじょうときむね 154
北条時頼 ほうじょうときより 154, 230
亡僧 ぼうそう 107, 117-122, 140, 145
方相氏 ほうそうし 62
法堂 ほうどう 111, 118, 144
法幢 ほうどう 112

酆都地獄 ほうとじごく　103
法然 ほうねん　132
筶 ボエ　86
墓壙 ぼこう　62
菩薩戒 ぼさつかい　131
墓石 ぼせき　27
菩提門 ぼだいもん　150
「墓地、埋葬等に関する法律」ぼちまいそうとうにかんするほうりつ　181
発心門 ほっしんもん　150
墓埋法 ぼまいほう →「墓地、埋葬等に関する法律」
和林格爾 ホリンゴール　21
本位牌 ほんいはい　80
本末帳 ほんまつちょう　163, 164
『梵網経』ぼんもうきょう　131

ま

牧田諦亮 まきたたいりょう　222
枕石 まくらいし　27
松浦秀光 まつうらしゅうこう　119
松尾剛次 まつおけんじ　236
まぶい　9
まぶいこめ　10
魂込 まぶいごめ　49
まぶいわかし　10
丸山宏 まるやまひろし　90
卍 まんじ　147
満中陰 まんちゅういん　80, 84, 151

み

三浦國雄 みうらくにお　8
御霊 みたま　3
霊代 みたましろ　14
御霊屋 みたまや　8
明遍 みょうべん　167
妙法山 みょうほうざん　104
民間伝承の会 みんかんでんしょうのかい　13

む

無縁仏 むえんぼとけ　99
無常院 むじょういん　118, 122-124
無常偈 むじょうげ　118, 125, 143
無著道忠 むちゃくどうちゅう　111, 113, 139, 148
無墓制 むぼせい　166

め

銘 めい　46, 47, 74, 87, 91, 119
明器 めいき　62
面山瑞方 めんざんずいほう　112
銘旌官 めいせんかん　92

も

木主 もくしゅ　74
沐浴 もくよく　50, 75, 141
喪主 もしゅ　16, 57, 70, 92, 113, 141
喪服 もふく　37, 92
喪屋 もや　55

や

柳田國男 やなぎたくにお　13, 25, 30, 179
—『先祖の話』　30
—「葬制の沿革について」　25
—「魂の行くへ」　179
—『明治大正史世相篇』　13

ゆ

遺誡《ゆいかい》 109, 142
遺偈《ゆいげ》 109
斿《ゆう》 48
游衣冠《ゆういかん》 23
『瑜伽師地論』《ゆがしちろん》 84
湯灌《ゆかん》 50, 141, 147
遊行僧《ゆぎょうそう》 99

よ

踊《よう》 53
楊士勛《ようしくん》 82
遙拝《ようはい》 159
『養老令』《ようろうれい》
—「喪葬令」《そうそうれい》 62
依代《よりしろ》 48
憑坐《よりまし》 74

ら

『礼記』《らいき》 5, 21, 33, 34
—「曲礼」《きょくらい》 40, 70, 84
—「郊特牲」《こうとくせい》 6, 67, 70, 71
—「雑記」《ざつき》 61, 74
—「曾子問」《そうしもん》 69, 80
—「喪大記」《そうたいき》 41
—「檀弓」《だんぐう》 5, 19, 21, 46, 77, 148
—「問喪」《もんそう》 53, 62
—「礼器」《れいき》 70
耒耜《らいし》 60
絡子《らくす》 117
羅鄷山《らほうざん》 103

り

『リグ・ヴェーダ』 170
『李朝実録』《りちょうじょつろく》 158
劉安《りゅうあん》 6
劉熙《りゅうき》 47, 65
『琉球国志略』《りゅうきゅうこくしりゃく》 159
劉枝萬《りゅうしまん》 10
『立世阿毘曇論』《りゅうせあびどんろん》 171, 172
「楞厳呪」《りょうごんじゅ》 143, 144
陵寝《りょうしん》 22
了慧道光《りょうえどうこう》 132
『呂氏春秋』《りょししゅんじゅう》
—「孟冬紀」《もうとうき》 28
「臨終方訣」《りんじゅうほうけつ》 128, 131
輪廻転生《りんねてんしょう》 2

れ

霊筵《れいえん》 109
霊厝《れいしゃく》 96
霊堂《れいどう》 90, 148
霊裕《れいゆう》 124, 222
鬲《れき》 52
『列子』《れっし》
—「天瑞」《てんずい》 7
斂《れん》 53, 75
練祭《れんさい》 78
練主《れんしゅ》 78, 79, 80
煉度《れんど》 96
『蓮門精舎旧詞』《れんもんしょうじゃきゅうし》 163

ろ

『鹿苑院殿薨葬記』 ろくおんいんでんこうそうのき　156
鹿苑寺 ろくおんじ　157
六道銭 ろくどうせん　147
『論語』 ろんご
―「為政」 いせい　35
―「八佾」 はちいつ　36

わ

淮南王 わいなんおう　6
渡邉義浩 わたなべよしひろ　38
渡り わたり　166
藁筵 わらむしろ　143

著者紹介

菊地章太（きくち　のりたか）
1959年横浜市生まれ。筑波大学大学院博士課程中退後、トゥールーズ神学大学高等研究院留学。東洋大学教授。博士(文学)。比較宗教史専攻。著書『神呪経研究』(研文出版)、『弥勒信仰のアジア』(大修館書店)、『老子神化』(春秋社)、『儒教・仏教・道教』(講談社選書メチエ)、『葬儀と日本人』(ちくま新書) ほか。訳書 シャヴァンヌ『泰山 —— 中国人の信仰』(勉誠出版)、シャヴァンヌ『古代中国の社』(平凡社東洋文庫)。

位牌の成立—儒教儀礼から仏教民俗へ

2018年6月20日　初版第一刷発行

著作者　菊地　章太　© Noritaka Kikuchi, 2018

発行所　東洋大学出版会
〒112-8606　東京都文京区白山5-28-20
電話 (03) 3945-7563
http://www.toyo.ac.jp/site/toyo-up/

発売所　丸善出版株式会社
〒101-0051　東京都千代田区神田神保町2-17
電話 (03) 3512-3256
https://www.maruzen-publishing.co.jp/

組版　月明組版
印刷・製本　大日本印刷株式会社
ISBN978-4-908590-04-7 C3014